# MÉMOIRE

## A MM. les Membres du Conseil de préfecture de l'Hérault

PAR

### MM. BÉRARD Frères

Concessionnaires des Bains et Lavoirs publics de la ville de Montpellier,
Subventionnés par l'État.

**A l'occasion des modifications aux plans et devis primitifs, reconnues indispensables, et refusées par M. CASSAN, architecte de la ville.**

« Vous qui lirez ces pages, si le hasard
conduit vos pas aux portes de la ville où
s'élèvent de vastes et utiles établissements,
plaignez, en les voyant, ceux qui les édifiè-
rent; et que Dieu vous garde des longues tri-
bulations et des cruelles épreuves qu'ils
subirent. »

---

PARIS
IMPRIMERIE DE DUBUISSON ET COMPAGNIE
Rue Coq-Héron, 5.

1859

# MÉMOIRE

*Présenté à Messieurs les membres du Conseil de préfecture, par MM. Bérard frères, concessionnaires des Bains et Lavoirs publics de la ville de Montpellier, subventionnés par l'État, à l'occasion des modifications aux plans et devis primitifs, reconnues indispensables et refusées par M. Cassan, architecte de la ville.*

MESSIEURS,

Nous avons hésité longtemps à vous demander justice, longtemps nous avons espéré que la patience, la raison et le temps finiraient par triompher des difficultés administratives élevées, pour ainsi dire, à chaque pas que nous faisions vers l'accomplissement de l'œuvre que nous avons entreprise ; nous avions trop intérêt d'ailleurs à éviter tout conflit et à vivre en bonne harmonie avec l'administration municipale pour qu'il n'en fût pas ainsi ; mais aujourd'hui la mesure est comble, et, à moins que de compromettre les fonds de l'État et l'existence même de cette œuvre appelée à rendre tant de services à la ville de Montpellier, nous sommes contraints d'en appeler à votre haute intervention.

Dans un moment de légitime orgueil, nous avions cru, Messieurs, que nous étions nécessaires à cette œuvre charitable et populaire, et ce que nous avions fait déjà pouvait donner la mesure de ce que nous pouvions faire ; nous avions donc des droits, sinon à des encouragements, du moins à la bienveillance de l'administration municipale qui doit hériter de nos établissements. Pourquoi et comment se fait-il qu'au lieu de s'associer à la pensée généreuse exprimée dans la loi de 1850, elle n'a eu pour nous que des tracasseries mesquines et étroites ? C'est ce que ce mémoire a pour but de rechercher, et de vous dire, afin que la cause du mal étant connue, vous puissiez y appliquer un prompt et utile remède.

Par ses lettres du 12 février et 20 septembre 1856, M. le maire nous demanda communication des plans et devis se rattachant au projet de construction de bains et lavoirs publics, sur l'emplacement occupé par l'ancienne boucherie, afin de pouvoir apprécier notre proposition.

Ces plans et devis ne lui ayant pas convenu, M. le maire chargea M. Cassan, architecte de la ville, de lui dresser lui-même des plans et devis qui, cette fois, furent acceptés.

Le 10 février 1857 nous signâmes avec M. le maire un traité (voir pièce 1), qui, avec les plans et devis s'élevant à la somme de 150,000 fr., fut approuvé à l'unanimité par le conseil municipal, et soumis à l'approbation de l'autorité supérieure qui le renvoya avec des modifications nouvelles(1).

Ces modifications nécessitèrent la révision de notre traité, ainsi que des plans et devis, qui s'élevèrent à 178,975 fr. 50 c.— Le tout fut signé à la date du 18 décembre 1857 (voir pièce 2), et renvoyé à l'approbation de l'autorité supérieure, avec demande de l'entière subvention.

Le 6 février 1858, lettre ministérielle (voir pièce 3), annonçant qu'une subvention de 60,000 francs est accordée à la ville de Montpellier, et exprimant le regret de n'avoir pu élever ladite subvention jusqu'au tiers de la dépense totale.

Notre hésitation fut grande en présence de cette augmentation de dépenses et de cette diminution de subvention, et nous n'eussions pas accepté le traité sans les vives-instances de M. le maire et de M. l'architecte de la ville, nous affirmant (ce qui était vrai)(2), que le devis était exagéré en certaines parties, et pour les prix et pour les quantités, et que nous retrouverions en économies ce que nous perdions en subvention. Dans sa lettre du 10 janvier 1858, M. Cassan, allant plus loin, nous affirmait que la dépense ne s'élèverait pas à la somme de 137,317 francs, puisqu'il fallait en déduire la valeur des vieilles ferrures, plombs, robinets et autres métaux, dont les quantités ne pouvaient être connues qu'après la démolition des constructions, et qu'il ne comptait pas les dépenses imprévues ; *il n'en avait pas besoin*, elles n'auraient été

(1) Nous signâmes ces plans de confiance et sur la promesse qui nous fut faite que nous obtiendrions les modifications qui nous paraîtraient utiles, après une simple demande adressée à M. le maire.

(2) On s'était aperçu de cette exagération des devis à Paris, et on ne s'était pas gêné pour nous le dire. Nous sommes convaincus que c'est à cette observation que nous devons de ne pas avoir obtenu la totalité de la subvention demandée s'élevant à 72,091 fr. 53 c.

comprises dans le devis que parce que le conseil des bâtiments civils de Paris les avait demandées. Voici la lettre :

Montpellier, 10 janvier 1858.

« Mon cher monsieur Bérard,

Ainsi que je vous l'avais promis, je me suis occupé de préparer mes conditions avec les divers entrepreneurs, sans cependant rien conclure avec eux, ce dernier travail ne devant être fait qu'après que le dossier sera approuvé et que j'aurai reçu de vous l'ordre de traiter.

J'ai toujours débattu les prix et je vous donne ici le résumé de ce travail :

|  | fr. c. | fr. c. |
|---|---|---|
| 1° Maison de maître........................... | 26,555 54 | 23,490 98 |
| 2° Galerie et bureau........................... | 3,230 77 | 2,828 11 |
| 3° Lavoir.................................... | 51,685 80 | 47,070 72 |
| 4° Séchoir................................... | 15,318 62 | 11,909 08 |
| 5° Bains chauds.............................. | 26,228 20 | 24,098 22 |
| 6° Bassin de natation........................ | 25,697 25 | 22,971 03 |
| 7° Murs de clôture et latrines................. | 4,208 59 | 3,639 33 |
| 8° Matériel ................................. | 9,321 29 | 9,321 29 |
|  | 162,336 06 | 146,324 76 |
| Dépenses imprévues 1/20................... | 8,116 80 | |
|  | 170,452 86 | |
| Honoraires de l'architecte 1/20.............. | 8,522 64 | |
|  | 178,975 50 | |

Vous remarquerez que la dépense prévue pour le matériel n'a pas été touchée; cette dépense mérite d'être revue; mais ce travail ne peut être fait que de concert avec vous; toujours est-il que le montant des travaux, y compris le matériel tel qu'il a été prévu, est réduit à la somme de cent quarante-six mille trois cent vingt-quatre francs soixante-seize centimes........................................................ 146,324 fr. 76 c.

J'enlève les dépenses imprévues, je n'en ai pas besoin, elles n'ont été comprises que parce que le conseil des bâtiments civils de Paris les avait demandées.

En même temps j'ai débattu les prix pour les travaux à exécuter : j'ai arrêté avec le maçon, le *charpentier* et le *plâtrier*, la valeur des vieux matériaux qu'ils seront obligés de prendre; cette valeur se monte :

| Pour le maçon...................................... | 3,453 fr. 26 c. | |
| Pour le plâtrier.................................... | 1,271 fr. 86 c. | 9,007 fr. 30 c. |
| Pour le charpentier,............................... | 4,282 fr. 18 c. | |

Reste...................... 137,317 fr.

De cette somme il faudra encore déduire la valeur des vieilles ferrures, plombs, robinets et autres métaux dont les quantités ne peuvent être connues qu'après la démolition des constructions.

Inutile de vous dire que ces chiffres sont tout confidentiels et ne doivent être connus que de vous; vos intérêts vous ordonnent trop de les taire pour que j'insiste davantage (1).

Mes salutations tout amicales pour vous et votre aimable famille,

*Signé* : CASSAN »

Rassurés par toutes ces affirmations, nous écrivîmes à M. le maire, le 20 février 1858, que nous acceptions la subvention de 60,000 francs accordée par l'État, quoiqu'elle ne s'élevât pas au tiers de la dépense totale (voir pièce 4).

A dater de ce jour, les plus vives instances nous sont faites pour commencer les travaux, quoique l'administration supérieure eût encore à donner sa dernière sanction (voir lettres de M. Cassan, pièces 5 et 6). En vain nous disons que nous ne voulons rien faire avant l'arrivée de Paris de notre frère aîné, plus expérimenté que nous dans ces constructions de lavoirs, puisqu'il en a fait bâtir un dans sa propriété; on nous recommande vivement de presser cette arrivée.

Pendant ce temps, de nombreux entrepreneurs de toutes les professions accouraient chez nous, à Lunel, pour nous demander les travaux, en nous faisant les offres les plus avantageuses et pendant que les entrepreneurs de M. Cassan (voir sa lettre citée plus haut) ne lui offraient que 10 pour 100 environ de rabais, ceux-ci nous faisaient espérer le double au moins.

Après de vives et inutiles instances auprès de M. Cassan pour obtenir un rabais plus considérable, nous nous décidâmes à appeler tous les ouvriers de la ville au concours. Notre dossier, contenant trente-sept lettres de soumissions de divers entrepreneurs, répondra péremptoirement à tous les faux bruits et à toutes les calomnies répandues à dès par les hommes dont le siége était fait, et qui se sont trouvés évincés par le fait du concours.

Le résultat de l'adjudication n'était pas douteux pour nous ; au lieu de 10 p. 100, les rabais s'élevèrent en moyenne à 20 p. 100. Au lieu de 9,000 fr., prix des vieux matériaux qu'il avait arrêté, disait M. Cassan,

_____

(1) MM. Bérard frères n'ont jamais compris l'intérêt qu'ils pouvaient avoir à taire les chiffres donnés par M. Cassan.

avec les maçon, plâtrier et charpentier, nous trouvâmes 16,000 fr. environ, non compris la valeur des métaux qui avaient disparu, comme on le verra plus loin.

Avant l'adjudication, refus de M. Cassan de communiquer aux entrepreneurs les pièces nécessaires pour pouvoir concourir, ainsi qu'il résulte des lettres d'Hortolès, 26 février 1858, d'Argilios, 27 février, et de M. Estor, avocat (voir pièces 7, 8, et 9); après l'adjudication, tracasseries contre nos entrepreneurs, ainsi qu'il résulte de la lettre de Coulondre... (voir pièce 10).

Quinze jours après l'ouverture des travaux, l'entrepreneur de maçonnerie n'avait pu encore obtenir sa ligne de repaire, et nous étions obligés de courir à la campagne de M. Pagézy, maire, pour le supplier d'agir sur M. Cassan, afin qu'il voulût bien la lui donner, ainsi que les plans, qu'il attendait en vain.

Les travaux se traînaient ainsi avec langueur, faute de plans et d'ordres nécessaires de la part de M. l'architecte, lorsque, le 15 mai 1858, le génie militaire signifia l'ordre à Coulondre (voir pièce n° 11) d'avoir à suspendre les travaux, aucune permission ne lui ayant été demandée. M. Cassan, architecte d'une ville importante, qui possède une citadelle, et est astreinte par conséquent à des servitudes militaires, étant chargé d'ailleurs, par l'art. 5 de notre traité avec la ville, de la surveillance et de la direction de nos travaux, ne pouvait ignorer ce fait, et il l'ignorait en effet si peu, que M. le maire de Montpellier, dans sa lettre au ministre de la guerre, en date du 13 juillet 1858, dit textuellement : « Lorsque le projet a été fait, l'administration municipale a cru, d'après de fausses indications, que l'entier emplacement se trouvait dans le polygone exceptionnel ; mais quand, après avoir démoli l'ancien abattoir, l'entrepreneur a voulu commencer les fouilles pour poser les fondations, le génie militaire est intervenu, et il a été reconnu que le terrain vacant sur lequel devait être placée une petite partie de l'établissement, s'étendait dans la zone prohibée d'un côté de 13 m. 50 c., et de l'autre de 26 m. 70 c. (voir pièce 12).

Ainsi donc c'est par l'erreur, par la faute de l'administration municipale, ou plutôt de son architecte chargé des travaux publics, dont le devoir était de faire les demandes et les soumissions voulues au génie militaire, que la suspension des travaux eut lieu, ainsi qu'il résulte de l'aveu même de M. le maire. Nous tenons à bien constater ce fait, fertile malheureusement en conséquences graves.

En effet, afin de se soustraire aux tracasseries et au mauvais vouloir de M. Cassan, ainsi qu'ils nous l'ont avoué à nous-mêmes à cette époque, nos entrepreneurs de maçonnerie et de plâtrerie, profitant de cette interruption forcée des travaux, nous assignent le 23 juillet devant le tribunal de commerce en résiliation de traité, et nous demandent 6,000 francs de dommages-intérêts.

Jugement du tribunal de commerce, en date du 29 juillet 1858, qui prononce la résiliation du traité et nous condamne à 300 fr. de dommages-intérêts. Appel de ce jugement et arrêt de la Cour impériale en date du 4 février 1859, qui réforme le jugement du tribunal du commerce, et condamne Coulondre et Coudougnan à reprendre leurs travaux interrompus.

Mais pendant ce temps la saison d'été pour nos bains de natation était perdue, et l'hiver s'était écoulé sans que nos lavoirs fussent édifiés. Le discrédit était jeté sur notre entreprise, et nos autres entrepreneurs, ébranlés et découragés, ne reprenaient leurs travaux qu'avec hésitation et langueur. Nous étions nous-mêmes gagnés par ce découragement général, en voyant la négligence calculée de M. Cassan, à conduire nos travaux, à laisser nos entrepreneurs sans plans ni détails, malgré leurs demandes réitérées, à ce point qu'à la date du 4 juin 1859, jour où la direction des travaux fut retirée à M. Cassan, et à celle du 16 juillet, ces détails ne leur avaient pas encore été remis, ainsi que nos plans officiels (voir pièces 13 et 14).

Mais depuis le jour où, par ordre supérieur, la direction des travaux fut retirée à M. Cassan, qui devait dans ce cas (la délicatesse lui en faisait un devoir) se récuser comme contrôleur desdits travaux, la position devint intolérable, et dans son ardent, mais tardif amour du devis, M. l'architecte de la ville nous poursuivait à chaque instant de ses sommations administratives. M. Cassan, directeur des travaux, sortait du devis quand bon lui semblait et par la porte cochère; mais aujourd'hui il ne nous permet plus d'en sortir, même par le trou d'une serrure, malgré l'intérêt bien évident de l'établissement. Nous en citerons un exemple entre mille : Pendant la courte absence du plus jeune d'entre nous, chargé spécialement de la surveillance des travaux, M. Cassan s'était permis, sans nous consulter à cet égard, de surélever les lavoirs de 1 m. 93 c., ce qui, à part le surcroît de dépenses que cela devait amener, écrasait le pavillon du milieu, encaissait les lavoirs à ce point que ces hauts murs prive-

: ront de jour suffisant les batteries qui en seront le plus rapprochées (1).

Mais disons un mot sur les faits qui précédèrent la retraite de M. Cassan.

Le 26 mai 1889, notre frère aîné de Paris, auquel nous écrivions naturellement tout ce qui se passait, adressait à M. le maire les lignes suivantes, que nous extrayons de sa lettre : « L'an passé, à l'époque où nos entrepreneurs, Coulondre et Coudougnan, effrayés par les menaces de M. Cassan, nous intentèrent un procès pour résilier leur traité, j'eus l'honneur de vous écrire et de vous prier de vouloir bien user de votre autorité et de vos sages conseils sur l'esprit de ce dernier, tandis que de mon côté j'userais de toute l'influence que je pouvais avoir sur celui de mes frères, pour aplanir les difficultés qui s'étaient élevées entre eux.

» Grâce à vos efforts et aux miens, nous parvînmes à nous entendre et à nous rapprocher dans un intérêt commun. Je viens aujourd'hui, monsieur, faire un nouvel appel à votre esprit de conciliation, persuadé qu'il sera de nouveau entendu ; car vous êtes homme de progrès et d'initiative, sachant bien, par une longue expérience des affaires, que l'injustice et l'antagonisme n'ont jamais rien créé, tandis que l'harmonie et la concorde enfantent des prodiges. »

Il écrivait en même temps à M. le préfet la lettre suivante : « L'intérêt bienveillant que vous accordez à toutes les entreprises et à toutes les améliorations utiles au département que vous administrez, et l'accueil favorable en particulier que vous avez fait à la création de notre établissement de bains et lavoirs publics, que vous n'avez cessé d'entourer de votre protection, me sont un sûr garant que mes frères trouveront encore et toujours en vous cette haute protection dont ils s'honorent et dont ils n'eurent jamais si grand besoin qu'aujourd'hui.

» Je puis vous affirmer sur l'honneur, monsieur le préfet, que nous avons fait, mes frères et moi, tout ce que, honorablement et humainement parlant, il est possible de faire pour plaire à M. Cassan, architecte de la ville, et aplanir les difficultés incessantes qu'il nous a suscitées depuis l'ouverture des travaux (2). Avant d'en appeler officiellement à votre justice bien connue, et dans laquelle nous mettons toute notre confiance,

(1) Pendant que M. Cassan surélevait les murs des lavoirs, il refusait à M. Coste toute la charpente d'un lavoir, quoique ses épaisseurs de bois fussent au delà de toutes celles qui sont usitées. Il fut obligé de refaire à nouveau cette charpente de lavoir.

(2) Notre frère avait été jusqu'à lui proposer la construction à forfait de l'établissement, soit par lui-même, soit par des entrepreneurs qui avaient sa confiance.

j'ai conseillé à mes frères ce suprême et dernier appel à la conciliation ; car ils sont à bout de voies, tant la partialité et l'injustice de M. Cassan sont criantes.

» Vous ne refuserez pas, monsieur le préfet, à des hommes honnêtes et de bonne volonté, ces paroles de conciliation qu'ils vous demandent et qui mettront fin, je n'en doute pas, à ce système de tracasseries étroites et mesquines que semble avoir adopté M. Cassan pour arrêter, suspendre ou ruiner l'œuvre éminemment utile à laquelle ils se sont voués.

» Délivrés de cette crainte et de cette inquiétude morale, de ces obstacles matériels élevés à chaque pas par le mauvais vouloir, ils n'en marcheront que plus rapidement et plus sûrement à la réalisation d'une entreprise déjà difficile, et qu'eux seuls peuvent mener à bonne fin. »

Que se passa-t-il dans les hautes régions administratives à la suite de ces deux lettres ? nous l'ignorons ; mais le 4 juin, nous reçûmes la lettre suivante de M. Cassan :

« Je viens de recevoir de M. le maire l'ordre formel de ne plus m'occuper de la construction des bains et lavoirs publics. Je regrette de n'avoir pas pu continuer ce travail jusqu'à la fin. Il ne me reste qu'à vous prier de me régler le montant de mes honoraires. »

Nous répondîmes à M. Cassan que ce n'était pas une rupture que nous avions demandée, mais une conciliation, et quant à la question de ses honoraires, qu'il voulût bien attendre l'arrivée prochaine de notre frère de Paris, pour régler avec lui cette difficulté, puisque nous n'étions pas d'accord sur le chiffre.

M. Cassan parut adhérer d'abord à notre proposition ; mais, le 30 juin, il nous fit assigner pour comparaître devant le tribunal civil de 1re instance, et nous entendre condamner à lui payer 3,487 fr. 95 c. qu'il nous réclamait, savoir :

Pour la confection des plans et devis du projet, dont le devis s'élève à 170,452 fr. 66 c., ci . . . . . . . . . 2,556 79
Et pour conduite des travaux, jusqu'au 3 juin . . . . 931 16
                                                         ———————
                                Total. . . . . . . . .  3,487 95

A cette assignation, nous répondîmes par les offres réelles suivantes :

« A la requête de MM. Bérard frères, concessionnaires des bains et lavoirs publics de la ville de Montpellier, domiciliés à Lunel, qui élisent domicile audit Montpellier chez Me Aghlel, avoué, rue Coste-Fréje, n° 7, avons déclaré à M. Jean Pierre Casao, dit Cassan, architecte, domicilié audit Montpellier, qu'il ne saurait disconvenir que les plans et devis primitifs des bains et lavoirs ont été produits à l'administration municipale par les requérants, qui les avaient fait dresser par M. Bernier, architecte à Paris; que si des modifications y ont été faites pour leur exécution, elles ont été l'œuvre, non du requis, agissant pour compte des requérants, mais de l'architecte de la ville, agissant pour et au nom de l'administration municipale, laquelle les a présentés à l'acceptation des requérants; qu'en conséquence, rien ne saurait lui être dû par les requérants en raison de ce. Qu'en ce qui touche la conduite, vérification et règlement des travaux de maçonnerie jusqu'au 3 juin 1859, s'élevant à 26,604 fr. 74 c., il lui serait dû, sauf les réserves ci-après, la somme de. . . . . . . . . . . . . . . . . . . . . . 931 16

mais qu'il a reçu des requérants, à compte, une montre en or de précision, à secondes fixes, à cylindre, du prix de. . . . 400

Reste. . . . . . 531 16

plus un hectolitre de vin rouge du prix de . . . . . . . 15

Reste. . . . . . 516 16

ce qui, avec le coût des assignations notifiées aux trois requérants en son nom, le 30 juin dernier. . . . . . . . 10 50

et les intérêts desdits 516 fr. 06 c., dudit jour, 30 juin, à aujourd'hui, ci . . . . . . . . . . . . . . . . . 85

élève la dette des requérants à. . . . . . . . . . . . 527 51

laquelle somme nous lui avons réellement offerte à deniers découverts en pièces d'or, à charge d'en fournir, en notre faveur, des reçus-quittances définitifs et pour solde, mais sous la réserve très expresse que se font ceux-ci et à laquelle ils n'entendent point préjudicier par les présentes offres, de tous leurs droits généralement quelconques contre ledit requis pour ne s'être point exactement conformé, dans la direction des travaux, aux plans et devis, aux ordres des requérants, avoir notablement dépassé, d'une manière onéreuse pour les requérants, les dépenses prévues et nécessaires, et ce, sans autorisation des requérants, comme aussi en raison de la disparition des matériaux, tels que fers, cuivre, plomb, etc., de laquelle il est responsable, et sous toutes autres réserves et protestations de droit. »

Nous devons à la vérité de déclarer que M. Cassan s'empressa d'offrir le payement de la montre à secondes et du vin, qu'il avait oublié de déduire dans sa réclamation judiciaire de ses honoraires (1).

(1) M. Auguste Bérard est bijoutier-horloger et propriétaire de vignobles à Lunel.

La veille, le sieur Robert aîné, entrepreneur de maçonnerie, très connu par ses rapports journaliers avec M. Cassan, nous faisait assigner à son tour en payement de 325 fr. de vieux moëllons, qu'il avait, disait-il, vendus à notre entrepreneur Coulondre. Nous n'avions jamais vu M. Robert et nous ne le connaissions que par l'obstination qu'il avait mise à laisser la grande cour de la vieille boucherie encombrée de ses matériaux, déposés à notre insu, avant même notre adjudication, malgré nous, malgré les ordres du maire et malgré la sommation de Coulondre. De guerre lasse et pour un bien de paix, ce dernier les lui avait achetés, et c'est nous qu'il assignait pour les lui payer !

Le 25 juin, quelques jours avant, notre entrepreneur Coulondre-Coudougnan, avait commencé cette espèce de feu de file en nous assignant devant le tribunal de commerce, non plus cette fois-ci en résiliation du traité, mais en payement du tiers des travaux portés sur le devis le concernant.

Un revirement subit s'était opéré parmi ces derniers, et, de persécutés qu'ils étaient auparavant, ils devenaient persécuteurs, oubliant tous les efforts que nous avions faits naguères pour les défendre.

Pendant ce temps, les satellites qui gravitent au-dessous et autour de la planète administrative de M. Cassan, s'en allaient répétant partout à ceux qui s'indignaient à bon droit de tant d'acharnement : « ce sont de braves gens, mais ils n'ont pas le sou. » Nous méprisâmes d'abord, comme elles le méritaient, ces rumeurs mensongères ; mais comme elles nous ont été répétées depuis par des hommes sérieux, nous affirmant qu'elles avaient trouvé créance auprès de certaines gens, nous éprouvons le besoin de rétablir au grand jour notre véritable situation dans cette affaire.

Notre apport social, réuni à notre capital commanditaire,
s'élève à la somme de . . . . . . . . . . . . 80,000 fr.
La subvention accordée par l'État est de . . . . . 60,000

Total . . . . . 140,000 fr.

Or, à quel chiffre s'élève la dépense totale de l'entreprise ? M. Cassan, interrogé par nous, répond lui-même à cette question dans sa lettre déjà citée du 10 janvier 1858 : elle ne s'élève pas à 137,317 francs. Mais comme au lieu de 10 pour 100 de rabais qu'il nous promettait, nous avons obtenu du concours des entrepreneurs un rabais de 20 pour 100 en moyenne ; il en résulte que notre dépense totale ne doit s'élever qu'à 114,754 francs.

Ou M. Cassan nous a trompés, ou bien tel sera et tel doit être le résultat de l'entreprise. Il y aura donc encore de la marge pour les améliorations dont nos établissements sont susceptibles.

Le 8 juillet, notre bassin de natation étant sur le point d'être terminé, nous présentâmes au maire une demande en autorisation de prendre les eaux versantes du bassin nord de l'esplanade, au moyen d'une conduite provisoire qui serait enlevée après la saison d'été et remplacée par une conduite définitive. Nous voulions faire bénéficier la population, des bains froids de natation, si utiles pour elle pendant ces chaleurs tropicales.

M. le maire nous ayant refusé cette autorisation, nous nous adressâmes à M. le préfet, qui voulut bien s'interposer pour nous la faire accorder. Ce ne fut pas sans peine que nous obtînmes de la mairie cette autorisation écrite, à laquelle on crut devoir attacher une pénalité sévère (cent francs par jour de retard dans le cas où nous n'enlèverions pas, à la première réquisition de l'autorité nos tuyaux provisoires). Ce fut bien autre chose quand il fallut obtenir l'eau qui nous était nécessaire pour remplir et alimenter notre bassin de natation !

Voici un extrait de ce long martyrologe, que des volumes ne pourraient contenir :

*Lundi* 25 *juillet*. — M. Cassan promet de donner des ordres dans la soirée pour que les eaux nous soient livrées. Contrairement à cette promesse, nous apprenons le soir qu'on a recommandé, dans la journée, au fontainier de l'esplanade de ne livrer les eaux que sur l'ordre formel et écrit de M. Cassan. A dix heures du soir, cet ordre n'avait pas encore été donné.

*Mardi* 26. — M. Gibert, qui a fait notre enduit du bassin en ciment, nous écrit que faute d'eau un grand dommage peut résulter pour la solidité de son travail, qui serait compromis si l'eau ne vient le recouvrir promptement.

*Mercredi* 27. — M. Cassan nous fait dire par le garde d'avoir à suspendre la pose de nos conduites provisoires, parce que nous n'avons pas pris l'axe de la troisième allée de l'esplanade pour cette conduite. Je cours à la Mairie, et après avoir fait convenir à M. Cassan lui-même que cela n'avait aucune espèce d'inconvénients, et que la légère déviation que j'avais prise n'avait d'autre but que d'éviter un grave inconvénient, celui de traverser les ateliers de M. Sagnier, situés au bas du rempart; sur ces observations, M. Cassan retire son opposition à la continuation des travaux.

*Jeudi* **28**. — M. Cassan fait dire par son employé, M. Lacarolle, qu'il faut placer un gros robinet d'arrêt au commencement de la prise d'eau. Après lui avoir prouvé l'impossibilité et l'inutilité de cette pose, qui nous retard ait d'ailleurs de huit jours, il renonce à cette nouvelle exigence ; mais l'ordre est toujours donné au garde de ne livrer les eaux qu'en sa présence ou celle de M. Lacarolle.

*Vendredi* **29**. — Le matin, on vient nous prévenir qu'après avoir autorisé le garde à lâcher les eaux, M. Lacarolle est venu les faire arrêter, sous prétexte que toute la conduite n'était pas découverte. Après avoir inutilement demandé à M. Teisserenc, premier adjoint, un ordre écrit pour la délivrance des eaux, nous attendons M. Cassan à la Mairie, qui consent enfin à lever l'interdit ; mais grâce à tous ces retards, l'eau n'est arrivée au bassin qu'à deux heures et demie de l'après-midi.

*Samedi* **30**. — L'eau, qui devait arriver d'après nos calculs à 72 centimètres de hauteur à deux heures et demie, ne se trouve qu'à 38 centimètres. Nous apprenons qu'elle n'a pas coulé au bassin nord de l'esplanade une partie de la nuit ; dans la crainte qu'un fait semblable ne se reproduise la nuit suivante, nous ne faisons pas apposer les affiches annonçant à la population l'ouverture de l'établissement pour le dimanche, à quatre heures du matin.

*Dimanche* **31** *juillet.* — Depuis environ minuit jusqu'à six heures du matin, il n'est pas arrivé une seule goutte d'eau au grand bassin ; toute la ville a été également privée d'eau cette nuit. Notre frère aîné court chez le garde du Peyrou pour savoir par quel ordre il avait ainsi privé d'eau la ville et notre établissement. Celui-ci lui répond que c'est par l'ordre du sieur Lacarolle, agent de M. Cassan, et qu'on lui a fait passer toute la nuit pour cela. Il va de là chez M. le préfet pour se plaindre de cette énormité. Ce premier magistrat lui promet qu'un fait semblable ne se renouvellera plus.

*Lundi* **1er** *août.* — Pour la première fois, l'eau n'a pas été arrêtée, et la conduite débite huit mille litres à l'heure, ce qui nous fait espérer de voir le bassin rempli mardi soir au plus tard. Dans l'après-midi, vers cinq heures et demie, nous avons le plaisir de recevoir la visite de M. le préfet, que nous recevons au milieu de tous nos nageurs, et nous sommes heureux de voir ce premier magistrat du département apprécier l'importance de notre établissement.

*Mardi et mercredi,* 2 et 3 *août.* — L'eau est de nouveau supprimée pendant la nuit de ces deux jours, et elle ne donne dans la journée que cinq mille litres d'eau à l'heure. Le fontainier du Peyrou est venu signifier à celui de l'esplanade d'avoir à supprimer la moitié du jet d'eau du bassin nord, par ordre de la commune.

*Jeudi 4 août* — L'eau ne coule plus du tout dans le bassin de natation depuis hier onze heures du soir et ce matin à huit heures et demie elle n'y était pas arrivée. Décidément on ne veut pas que ce bassin puisse se remplir et déverser ses eaux par les rigoles qui règnent autour, et qui doivent entretenir le renouvellement de ces eaux.

*Vendredi et samedi* 5 et 6 *août.* — Ce n'est qu'aujourd'hui samedi, à deux heures de l'après-midi, que le bassin est enfin rempli et déverse le trop plein de ses eaux par ses aqueducs circulaires. Ainsi, on a mis huit jours pour remplir un bassin qui contient six cents mètres cubes d'eau, lorsqu'on s'est engagé par un traité à nous en fournir par jour cinq cents soixante quinze mètres cubes !

16 *août.* — Nous signons la paix avec M. Cassan, après un rapprochement amené par notre frère de Paris. Paix sincère de notre côté, car nous faisions un sacrifice de 2,850 fr. 79 c. pour des plans et devis présentés par la ville et que nous ne devions pas. Mais l'était-elle également du côté de M. Cassan? c'est ce que la suite de ce récit nous dira.

Nous échangeâmes les lettres suivantes :

Montpellier, ce 16 août 1859.

Monsieur Cassan,

Ainsi que nous en sommes convenus verbalement, et pour éviter entre nous tout conflit d'intérêts ou autres, nous consentons avec plaisir à vous payer les honoraires que vous nous demandez, après la réception des travaux.

Nous avons l'honneur de vous saluer. *Signé :* Auguste BÉRARD.

Montpellier, ce 16 août 1859.

MM. Bérard frères, concessionnaires des bains et lavoirs publics,

Je viens vous accuser réception de votre lettre de ce jour et vous informer que j'accepte vos propositions, qui sont de me payer le montant des honoraires que je vous ai réclamés, après réception des travaux.

J'ai l'honneur de vous saluer. *Signé :* CASSAN.

Ce même jour, 16 août, M. Cassan fit et signa son rapport constatant qu'il y avait à ce moment-là pour cinquante-neuf mille huit cents et tant de francs de travaux exécutés, conformément au devis. Ce rapport, avec une lettre du premier adjoint, faisant fonctions de maire en l'absence de ce dernier, approuvant et demandant cette subvention, fut porté le 18 août à la préfecture par M. Pharamond, en compagnie de notre frère de Paris, alors à Montpellier.

Au bout de quelques heures, ce rapport fut redemandé à la préfecture par M. Cassan; mais M. Charpenel, chef du bureau des communes, ne voulut le livrer que sur l'ordre du préfet, et ce n'est que le lendemain 19 août que M. le premier adjoint ayant obtenu cet ordre, le dossier fut rendu à la mairie.

Dans la prévision d'obstacles qui pouvaient survenir et des retards dans le payement de la subvention qui en résulteraient, l'homme de loi auquel nous avions soumis nos projets de traités avec nos entrepreneurs, y avait inséré la clause suivante :

« Les premier et deuxième payements d'à-compte seront faits avec les fonds provenant de la subvention accordée à la ville de Montpellier par l'État, complétée, si besoin est, avec les fonds de MM. Bérard frères ; à cet effet, MM. Bérard délégueront au besoin tous leurs droits à M..... pour toucher directement à la caisse municipale la part qui lui sera afférente, M... déclarant, par la présente, renoncer à tout recours contre les MM. Bérard, dans le cas où l'État apporterait quelque retard au payement de ladite subvention. Le payement du troisième tiers sera fait avec les deniers de MM. Bérard frères » (voir pièce 15).

Le 26 juillet, un jugement du tribunal de commerce de Montpellier, longuement motivé (voir pièce 16), vint briser cette clause capitale de nos engagements.

Nous avions réclamé déjà plusieurs fois, et officiellement le 28 juin et 28 juillet dernier (voir pièces 17 et 18), le tiers de la subvention qui nous revenait d'après l'article 7 de notre traité, dont le second paragraphe est ainsi conçu :

« Cette subvention devra être égale au tiers de la dépense totale fixée par l'article 1er, augmentée de la valeur des terrains portée à quarante mille francs par l'article 2. Elle sera remise à MM. Bérard frères, savoir : par tiers, à mesure qu'ils justifieront de l'avancement des travaux; le dernier tiers ne sera payé qu'après la réception définitive de l'établissement. »

Le 31 août, devant la Cour impériale, où nous étions en appel du jugement du Tribunal de commerce du 26 juillet, un rapport de M. Cassan portant cette même date du 16 août, ne constatait que 52,056 fr. 27 cent. de travaux exécutés. « Ce chiffre, est-il dit dans ce document, n'atteint pas encore le tiers du montant total des travaux exigés pour demander le premier tiers de la subvention accordée par l'État (soit 59,658 fr. 50 cent.); c'est donc, y est-il dit encore, par suite du manque d'exécution des prescriptions du devis, que MM. Bérard ne sont pas dans les conditions voulues pour toucher la subvention. » En présence de ces documents, émanés de la mairie et produits par nos adversaires, le résultat du procès ne pouvait être douteux. La Cour confirma le premier jugement et nous accorda un délai de six semaines pour payer notre entrepreneur Coulondre.

Qu'était devenu le premier rapport signé sous les yeux de notre frère, envoyé à la préfecture et repris le lendemain par M. Cassan ?

Nous adressâmes à M. le préfet une protestation énergique, en demandant justice contre cet acte. Ce magistrat nous répondit qu'il ne pouvait nous la rendre que devant son conseil de préfecture.

Pendant que nos adversaires obtenaient si aisément les pièces citées ci-dessus, nous étions obligés d'écrire à M. le maire la lettre suivante, quelques jours avant le jugement du 31 août :

« Monsieur le maire,

» Mes frères ont eu l'honneur de vous demander le tiers de la subvention promise par l'État, les 28 juin, 29 juillet et 10 août 1859 ; demandes que l'on conteste judiciairement aujourd'hui avoir été faites. J'ai trop de confiance en votre équité pour douter un seul instant que vous puissiez leur refuser la constatation de ce fait, qui peut avoir une grande importance pour eux.

« J'ai l'honneur, etc. »

M. Teisserenc, adjoint au maire, ayant refusé de signer ce certificat, sous prétexte que, M. le maire était en ville, c'était à lui qu'il fallait s'adresser, et ce dernier ayant refusé à son tour de nous recevoir, ce n'est que le lendemain, et grâce à l'intervention officieuse de M. le préfet, que nous pûmes obtenir ce certificat.

Mais passons à un autre ordre de faits, non moins fertile en péripéties et en déceptions douloureuses pour nous.

## II

Le 22 août, en présence de MM. Pagézy, maire, Teisserenc-Valat, premier adjoint ; Cassan, architecte de la ville, Pharamond, secrétaire général, et notre frère, Bérard aîné, de Paris, nous eûmes l'honneur de soumettre et de lire le mémoire suivant, adressé à M. le maire en son conseil municipal :

« Monsieur le Maire,

» Les propositions de modifications aux plans et devis, que nous avons l'honneur de vous soumettre, sont toutes dans l'intérêt de la classe ouvrière, pour laquelle vous avez créé notre établissement de bains et lavoir publics. Nous avons donc la confiance qu'elles seront adoptées par le conseil municipal, auquel vous devez les soumettre ; car si elles étaient refusées (les plus importantes du moins), nous nous trouverions placés en face de grands embarras et d'impossibilité d'exécution.

» Nous commencerons par l'énumération des modifications sur lesquelles nous sommes tombés d'accord avec M. l'architecte de la ville (1), et nous terminerons par les deux dernières, sur lesquelles il y a eu dissidence entre nous.

» 1° *Portes d'allées.* — Six portes existent dans l'allée de la maison de maître ; or, les deux portes du milieu étant suffisantes pour communiquer d'une pièce à l'autre dans le logement des gérants, et cette multiplicité de portes compromettant d'ailleurs la sécurité et la santé des habitants, nous vous demandons l'autorisation de faire boucher les quatre portes inutiles.

» 2° *Cloison vitrée dans la galerie.* — Le devis ayant omis une galerie vitrée du bureau aux deux lavoirs, sans l'existence de laquelle le service deviendrait impossible et les femmes exposées aux intempéries de l'air, nous vous demandons l'établissement de ladite galerie, la suppression des portes en bois qui en est la conséquence, et leur remplacement par des tablettes de bois de sapin pour la réception du linge, comme cela se pratique dans tous les lavoirs.

(1) Préalablement à cette conférence, notre frère de Paris, qui est propriétaire dans cette ville d'un établissement de bains et lavoir, avait eu avec M. Cassan une longue conversation où toutes ces modifications furent discutées et adoptées en grande partie par ce dernier

» 3° *Bassin à essanger.* — Le bassin à essanger se trouvant placé dans un lavoir au lieu de l'être dans la buanderie, il en résulterait les plus graves inconvénients sous le rapport de la surveillance du linge placé hors de la vue des employés et sous celui de la manœuvre, qui nécessiterait d'aller chercher bien loin ce que l'on aurait sous la main dans la buanderie.

» Nous avons donc l'honneur de vous proposer de nous laisser poser le bassin à essanger dans la buanderie, afin que notre couleur n'ait qu'un pas à faire pour transporter le linge du bassin à essanger dans le cuvier où il doit être lessivé. Nous vous proposons, en outre, de donner audit bassin la longueur et la largeur convenables pour l'harmoniser avec la grandeur et les appropriations de la buanderie.

» 4° *Dalles séparatives des lavoirs.* — Le devis porte que les dalles séparatives des places des lavoirs seront en pierres de Vendargues et auront 1 m. 50 c. en hauteur et en profondeur. Or, de l'aveu de tous les hommes de l'art, cette pierre pourrit très facilement et ne tiendrait pas trois ans contre l'action dissolvante et corrosive des eaux savonneuses et lessiveuses du lavoir. D'autre part, la trop grande profondeur de ces dalles constituerait les places du lavoir en autant de casiers où chaque femme serait comme emprisonnée, échappant ainsi à la vue et à la surveillance des employés et de ses propres compagnes; cette disposition en casiers gênerait la circulation de l'air, favoriserait l'accumulation des saletés dans les angles des pierres, dont le nettoyage ne pourrait se faire qu'imparfaitement; de là les odeurs infectes et la malpropreté de l'établissement.

» Dans tous les lavoirs de Paris, les femmes sont toutes en vue et se surveillent mutuellement.

» Nous vous demandons par conséquent de vouloir bien réduire à la largeur des batteries la profondeur desdites dalles; de substituer à la pierre de Vendargues, un bon ciment, des séparations en bois sapin du Nord, à notre choix, et à la place des supports en fonte, qui se rouillent, salissent le linge, substituer des tréteaux en bois de sapin qui remplaceraient avantageusement l'espace occupé par la trop grande profondeur des dalles.

» 5° *Tuyaux ou conduites intérieures.* — Pour la distribution des eaux dans les batteries, à l'intérieur du lavoir, le devis porte des tuyaux en tôle bitumée, dits Chameroy; ces conduites en tôle, auxquelles il faudrait adapter des robinets pour le service de chaque laveuse, ne tiendraient pas une année, exposées qu'elles seraient aux atteintes des battoirs et des

3

pressions continues exercées sur les robinets adaptés sur elles. Il n'y a pas un seul lavoir, sur les deux cents qui existent à Paris, où l'on ait essayé seulement la pose des conduites Chameroy. Nous avons donc l'honneur de vous proposer de leur substituer la fonte Petit ou le plomb, à notre choix, qui nous coûteront d'ailleurs beaucoup plus cher que le Chameroy. Les mêmes observations et la même proposition s'appliquent naturellement aux conduites des bains chauds.

» 6° *Baquets et zinc qui les recouvre.* — Nous vous demandons que les baquets aient quarante centimètres de profondeur au lieu de trente centimètres qu'ils ont sur le devis. Les femmes dans le Midi, ayant plus de linge que dans le Nord, leurs baquets doivent être plus profonds, et à cause de l'évasement, lesdits baquets doivent avoir cinquante-cinq centimètres de largeur dans leur fond.

» Nous vous demandons également la suppression du zinc qui doit recouvrir, d'après le devis, l'intérieur des baquets ; car il ne tarderait pas à être complétement détruit, par les alternatives de chaud et de froid se produisant à chaque instant dans les baquets pour l'opération du savonnage et du rinçage. C'est à cause de cela que cette disposition n'existe dans aucun lavoir de Paris.

» 7° *Robinets d'écoulement desdits baquets.* — Le devis porte que lesdits baquets seront pourvus de robinets d'écoulement. Cette disposition vicieuse, qui n'existe d'ailleurs dans aucun des deux cents lavoirs de Paris, où l'on ne se sert que de longs bouchons en bois tournés qui s'adaptent ou s'enlèvent promptement du fond des baquets, entraînerait promptement l'obstruction et la destruction desdits robinets et des tuyaux Chameroy, auxquels ils seraient soudés. Les petits chiffons et autres détritus qui s'échappent du linge qu'on lave, viendraient à chaque instant boucher tuyaux et robinets, qui seraient bientôt brisés à coups de battoir par les lavandières. La suppression de ces robinets et leur remplacement par de longs bouchons de bois tournés est donc indispensable.

» 8° *Séchoirs.* — Les cabinets des séchoirs sur les plans et devis sont séparés dans toute leur hauteur, par des treillages en bois de sapin, ce qui intercepte l'air, venant du haut surtout et s'oppose au but proposé, sécher le linge. Nous vous proposons donc d'élever les cloisons intérieures à 2 m. 60 c., hauteur suffisante pour isoler chaque séchoir et le défendre contre les atteintes de son voisin. En outre, comme le bois de sapin pourrit très facilement à l'air libre, et n'est que de peu de durée, nous vous proposons aussi de remplacer les treillages de sapin par des escottes de châtaignier.

» 9° *Bains chauds.* — Nous avons l'honneur d'appeler surtout votre attention sur les dispositions nouvelles des bains chauds, dont le petit plan ci-joint vous démontrera la nécessité. Dans l'ancien plan, les cabinets desdits bains n'ont pas de plafond et les cloisons séparatives n'atteignent qu'une certaine hauteur ; il en résulterait le grave inconvénient qu'on pourrait communiquer d'un cabinet à l'autre par la voix ou par la projection d'objets quelconques, et même par le regard en grimpant sur la cloison séparative au moyen d'une chaise. D'autre part, les personnes placées dans les deux rangées de cabinets intérieurs, ne pourraient dans aucun cas se préserver ni de la chaleur ni du froid, puisqu'elles n'auraient jamais de croisées à leur disposition pour obvier à l'un ou à l'autre de ces inconvénients. La lumière et l'air n'arriveraient que d'une manière oblique, et les baigneurs n'y verraient que très imparfaitement et ne pourraient jamais renouveler l'air de leurs cabinets. Ils seraient en outre incommodés par les vapeurs et les odeurs des cabinets voisins. La surveillance du service serait impossible à cause du grand nombre de corridors, et l'air extérieur pénétrant en hiver dans lesdits cabinets, il serait impossible de pouvoir distribuer des bains dans cette saison, et l'établissement en souffrirait un grave dommage, ayant surtout dans cette saison de l'eau constamment chaude. Nous vous prions donc instamment de vouloir bien accepter les modifications que nous vous présentons, et dont doit dépendre le succès ou la ruine des bains chauds.

» 10° *Baignoires.* — Le devis porte que l'établissement des bains chauds sera pourvu de baignoires en terre cuite doublée de faïence. Or, dans tout Paris, et nulle part que nous sachions, il n'existe pas un établissement pourvu de baignoires semblables. (Voir le certificat des maîtres de bains et lavoirs de Paris, pièce 19, constatant : 1° qu'il n'existe pas d'établissement pourvu de baignoires semblables ; 2° que toutes les batteries sont en sapin du Nord et non en bois de chêne qui tache le linge ; 3° que ni la fonte qui se rouille, ni la pierre, n'entrent dans la composition des batteries.) L'émail, du reste, dont elles sont recouvertes casse facilement, ce qui nous exposerait, au bout de quelques années, à n'avoir que des baignoires de rebut et à renouveler complétement ce matériel (1).

(1) Dans sa lettre du 26 mai 1850, au sujet des difficultés soulevées par M. Cassati, architecte de la ville, notre frère de Paris écrivait à M. le maire les observations suivantes relativement à cette question des baignoires : « Je ne vous parlerai pas, monsieur, des baignoires en pierre que

» Nous avons donc l'honneur de vous proposer vingt baignoires en cuivre, comme étant les meilleures, à deux dossiers et d'un modèle très-gracieux, le seul adopté aujourd'hui dans les établissements de bains qui se créent, et seize baignoires en zinc n° 18, même modèle, indispensables à l'établissement, parce que seul le zinc peut subir sans se détériorer les eaux de baréges et autres dissolutions médicinales prescrites souvent pour bains.

» La suppression des lambris en bois sera la conséquence naturelle de la suppression des baignoires en terre cuite.

11° *Omissions du devis, approbation aux légères modifications apportées.* — Le devis ayant omis la peinture des cabinets de natation ainsi que les aqueducs pour l'écoulement supérieur des eaux et le nettoiement constant des lieux d'aisance, du bassin et des lavoirs, nous vous prions de vouloir bien les autoriser, ainsi que la suppression des barrières entourant le bassin de natation; à l'exception d'une seule qui serait placée à l'entrée du bassin et dont l'absence pourrait avoir des inconvénients graves à cause du grand nombre de curieux réunis ordinairement sur ce point. La simple inspection du bassin, dont la galerie circulaire est trop étroite, suffira pour démontrer la nécessité de la suppression des barrières, qui généraient la circulation, que les enfants voudraient franchir pour se jeter à l'eau, ce qui causerait souvent des accidents.

» Nous vous demandons également d'approuver les modifications qui ont été exécutées jusqu'à ce jour dans l'intérêt de l'œuvre commune et qui sont relativement de médiocre importance.

» Il est matériellement impossible, d'ailleurs, que le besoin de modifier certaines dispositions des plans et devis ne se présente au fur et à mesure de l'exécution des travaux, en présence surtout d'une industrie nouvelle dans le pays, et dont les concessionnaires seuls, avec leurs connaissances spéciales, peuvent apprécier de prime abord l'importance. Ils ne vous en

M. Cassan désirerait et dont le moindre des inconvénients consisterait à ne pouvoir en échauffer les parois. D'après les calculs et les expériences d'un savant, M. Despretz, la faculté conductrice du calorique dans les corps solides peut être représentée par les chiffres suivants : or, 1,000; cuivre, 898; zinc, 363; marbre, 23,06; porcelaine, 12,2. La pierre serait encore plus froide que le marbre et la porcelaine, et un frisson glacial saisirait à coup sûr le malheureux baigneur qui s'y exposerait. »

soumettront pas moins toutes celles qui leur paraîtront mériter votre attention, persuadés d'avance qu'une administration intelligente et bien intentionnée, comme la vôtre, ne les enrayera pas à chaque instant sur de misérables questions de détails et de nulle valeur.

» 12° *Grosses conduites.* — Nous avons l'honneur, monsieur le maire, de vous proposer une expérience comparative sur les grosses conduites que nous avons à poser. Nous prendrons au bassin nord de l'esplanade les eaux versantes, avec les tuyaux en fonte Petit, que nous eussions préférés aux tuyaux en tôle forte bitumée, dits Chameroy, portés sur le devis, et celles du bassin sud ou de la rampe de l'esplanade, partie avec des tuyaux en fonte Petit et partie avec des tuyaux Chameroy. Au moyen de cette expérience, fort coûteuse, il est vrai, pour nous, la ville pourra s'assurer par elle-même de la valeur comparative de ces conduites, et nous aurons plus d'intérêt qu'elle à choisir plus tard la meilleure.

» 13° *Eaux versantes.* — Enfin, une dernière et importante modification est soumise par nous à votre approbation : où prendrons-nous les eaux qui doivent et pourront alimenter constamment notre établissement?

» Notre convention avec la ville répond : aux deux bassins de l'esplanade.

» Examinons sérieusement s'il sera possible de les prendre au bassin sud, éloigné de l'établissement de 610 mètres, d'après le devis :

» 1° Deux parcours se présentaient pour la pose des conduites : la grande route et l'esplanade. La grande route, que nous eussions préférée, nous a été interdite par M. l'ingénieur des ponts et chaussées; reste l'esplanade, qu'il faudra bouleverser de fond en comble pour poser des conduites au fond d'une tranchée qui n'aura pas moins de cinq à six mètres de profondeur, dans des terres rapportées, argileuses, s'effondrant à chaque instant et compromettant la vie des hommes et la solidité des conduites.

» Deux entrepreneurs ont déjà renoncé à leurs engagements à l'égard de cette conduite d'eau à travers l'esplanade, effrayés qu'ils étaient de l'énormité de la dépense et des difficultés de l'exécution.

» 2° De plus, les eaux versantes déposent beaucoup et obstruent d'autant plus vite les conduites, qu'elles ont une pente plus faible, comme dans notre cas; et cela est si vrai, que la ville a été obligée d'y renoncer au bout de quatre ou cinq ans, et après de nombreuses réparations, et de prendre, pour alimenter la boucherie, les eaux vierges de la conduite de la rampe de l'esplanade. Faudra-t-il que nous renouvelions les mêmes errements ? Au bout de quelques années, après de grandes dépenses inutiles, la fermeture momentanée de l'établissement, si préjudiciable à la population, serons-nous obligés de faire ce que vous avez fait ? Vous ne voudriez pas, Monsieur le Maire, nous en sommes profondément convaincus, nous soumettre à cette rude épreuve.

» 3° Si l'on nous objecte que le jet d'eau du bassin sud ne pourrait jamais jouer si l'on prenait ailleurs l'eau nécessaire aux lavoirs, nous répondrons qu'un jet d'eau continu dans ce point de l'esplanade ne serait pas sans inconvénient pour les promeneurs, qu'il inonderait, surtout pendant les grands vents qui règnent si souvent dans le midi. D'ailleurs, rien n'empêchera qu'on fasse jouer ce jet d'eau les dimanches et jours de fête, où les lavoirs seront fermés.

» 4° Non-seulement cette conduite est impossible, inexécutable, mais elle est encore inutile.

» La voie d'eau qui va du Peyrou à l'esplanade est unique. Elle se bifurque à sa sortie de la rue du Musée pour aller alimenter le bassin nord de l'esplanade par un de ses branchements et le bassin sud par l'autre. Il est donc évident que toute l'eau se dirigera vers le bassin nord où elle trouvera son écoulement pour le service des lavoirs, tandis qu'elle ne débitera qu'un filet d'eau insignifiant pour le bassin sud et tel qu'elle e débite aujourd'hui. Il n'y aurait que les jours où l'on ferait jouer le jet d'eau de ce bassin sud (et il ne joue jamais), que la perte de l'eau serait réelle. Faire une conduite longue de plus de six cents mètres, pour avoir une partie de l'eau qu'on peut recevoir en totalié par la conduite de cent cinquante mètres, serait donc une chose inutile, illogique.

» Il n'y a donc aucun avantage pour la ville ou pour les concessionnaires; mais il y aurait de graves inconvénients, nous l'avons démontré, à exécuter cette longue et impraticable conduite d'eau, contre laquelle ils ont toujours protesté, et qu'ils n'auraient acceptée à aucun prix, s'ils avaient connu dès le principe ces difficultés insurmontables et s'ils avaient su que la ville avait à cinquante pas de leur établissement des conduites d'eau plus que suffisantes pour l'alimenter.

» Les bains et lavoirs publics ne sont-ils pas d'ailleurs aussi intéressants et aussi utiles que la boucherie? Pourquoi leur refuser alors une partie des eaux vierges accordées à cette dernière? Par tous ces motifs, monsieur le maire, nous avons la confiance que les membres du conseil municipal ne vous refuseront pas ce que nous avons l'honneur de leur demander aujourd'hui :

» 1° De nous autoriser à prendre les eaux vierges de la conduite de la rampe de l'esplanade, suffisantes pour alimenter les lavoirs et la boucherie, et situées à deux pas de notre établissement;

» 2° De nous permettre d'utiliser, pour nos bains chauds et l'école de natation, les eaux versantes du bassin nord de l'esplanade.

» En accueillant favorablement notre demande, vous accorderez un grand bienfait à la population ouvrière et vous obligerez infiniment,

» Monsieur le maire,

» Vos très humbles et très obéissants serviteurs,

» BÉRARD FRÈRES. »

Pendant tout le temps que dura notre conférence du 22 août, aucune objection sérieuse ne s'éleva contre les modifications que nous venions de lire et de soumettre à M. le maire, qui nous pria de lui adresser, à l'appui de nos demandes, les plans et devis nécessaires pour l'étudier.

La maladie de M. Polge, notre architecte, l'ayant empêché de les exécuter jusqu'alors, ce n'est que le 17 septembre que les plans et devis des bains chauds étant prêts, nous les remîmes à M. le maire avec notre demande motivée, comme ci-dessus, à l'appui.

Le 21 septembre. — M. Polge nous écrivit que le maire ne consentirait à accepter notre projet de modifications que tout autant que nous consentirions à construire une crèche dans l'établissement, pour recevoir les enfants en bas âge des mères de famille qui viendraient y laver.

*Le 22 septembre.* — Après de longs pourparlers, nous consentons à établir une crèche, à la condition que M. le maire acceptera les modifications que nous avons demandées.

*Le 27 septembre.* — Nous demandons au maire de nous autoriser à prendre les eaux du bassin nord, au moyen de conduites en grosse fonte au lieu de conduites en Chameroy ; M. le maire s'y refuse.

*Le 30 septembre.* — Le maire nous dit que la commission des travaux publics a apporté quelques modifications à nos plans, et qu'elle exige des baignoires en fonte émaillée au lieu de baignoires en zinc et cuivre que nous demandions. Nous répétons à M. le maire les objections contenues dans notre mémoire des modifications, en ajoutant qu'il ne serait pas prudent, vu le prix élevé de ces baignoires, 186 fr. au lieu de 96 fr. portés sur le devis, d'en faire établir de suite les trente-six qui sont nécessaires à l'établissement ; mais qu'il vaudrait mieux ne faire l'essai que de quelques-unes, sauf à les adopter plus tard si l'expérience prouvait en leur faveur.

*Le 2 octobre.* — Nouvelle demande à M. le maire, en son conseil municipal, pour le prier de nous autoriser à faire les modifications indispensables aux bains chauds, aux tuyaux de conduites, aux séchoirs, et pour approuver celles que nous avons apportées à nos établissements, et qui avaient été omises sur le devis, telles que peinture des cabinets de natation, aqueducs pour l'écoulement supérieur des eaux du bassin, etc., etc., avec les motifs à l'appui, contenus dans le mémoire précité, auxquels nous ajoutons les suivants :

« Vous n'ignorez pas, monsieur le maire, que nous sommes sous le coup d'un jugement du Tribunal de Commerce, en date du 13 septembre dernier, qui nous condamne à cinquante francs de dommages par chaque jour de retard, si, le 13 octobre courant, nous n'avons pas fourni à Coulondre, notre entrepreneur de maçonnerie, tous les plans et détails relatifs à ces bains. Cela seul suffira, monsieur le maire, pour vous faire comprendre tout le danger de notre position et combien nous avons hâte de sortir d'une situation aussi pénible et aussi embarrassante, et nous ne doutons pas un instant que votre délicatesse et celle des membres du conseil municipal ne vous porte à nous tirer de là, en approuvant nos modifications.

» Nous sommes d'autant plus fondés à concevoir cet espoir, que cette nouvelle construction, loin de nous offrir un avantage pécuniaire, nous coûtera au contraire plus de trois mille francs d'excédant de dépenses sur l'ancien devis; ce qui ne peut être qu'à l'avantage de la population qui est appelée à jouir des bienfaits de l'établissement.

» Loin de demander à la ville un dédommagement pour le surcroît de dépenses que nous occasionneront les modifications que nous venons d'examiner, nous nous engageons à un sacrifice de plus, en lui promettant de construire à nos frais la crèche qu'elle préconise, et qui nous coûtera près de deux mille francs de plus, si elle accepte ces modifications et celles moins importantes que nous avons encore à lui demander. »

Copie de cette demande est adressée en même temps à M. le préfet de l'Hérault.

Nous payons à nos divers entrepreneurs le tiers de leurs travaux, quoique n'ayant pas touché nous-mêmes un centime de la subvention.

10 *octobre*. — Nous allons voir M. le maire, qui exige l'acceptation de notre part des trente-six baignoires en fonte émaillée, et nous menace, en cas de refus, de ne pas soumettre nos modifications à son Conseil municipal. A nos justes observations et à notre refus d'accepter ces baignoires, il nous déclare formellement qu'il nous forcera à exécuter les anciens plans.

13 *octobre*. — Nous portons au maire, le matin, avant la réunion du Conseil municipal, notre demande de modifications aux lavoirs publics, avec plans, devis et motifs à l'appui, mentionnés au mémoire ci-dessus.

*Réunion du Conseil municipal*. — Au sortir de cette réunion, M. le maire nous dit, en présence de plusieurs membres du Conseil municipal, que tout était approuvé et que nous pouvions faire commencer les travaux.

Nous répondîmes que nous l'avions déjà fait de confiance; et, en effet, M. Polge, dès le 9 octobre, avait envoyé les plans des fondations à Coulondre.

18 *octobre*. — L'un de nous rapporte de la mairie un modèle de traité à signer, contenant les modifications à nos modifications, que le maire avait fait approuver par le Conseil municipal, et qui diffèrent essentiellement des nôtres en plusieurs points importants.

4

Ci-joint ce projet de traité. (Voir pièce 20.)

*20 octobre.* — Nous allons voir l'un des membres du Conseil municipal pour savoir ce qui s'était passé dans la séance du 13. Il nous dit que le maire avait lu un projet de modifications dans lequel il était question de baignoires, de tuyaux de fonte Petit, de lavoirs, etc., et qu'ainsi que plusieurs autres collègues, il lui avait demandé plusieurs fois si c'était bien cela que nous voulions, ce à quoi le maire avait toujours répondu : « Oui, oui, je viens de quitter ces messieurs, et nous sommes tombés d'accord sur toutes ces questions. » Les divers conseillers que nous avions vus ont cru alors, comme lui, que nous étions tombés d'accord, qu'il n'y avait plus de dissidences entre nous, et tous ont approuvé à l'unanimité ce que le maire leur a soumis, avec la persuasion que ces modifications étaient bien réellement les nôtres.

*25 octobre.* — Nous allons à Montpellier pour voir le maire, qui est absent, à la campagne, et qu'on nous dit être indisposé. Nous voulons avoir avec lui une explication au sujet de ces modifications qu'il a présentées comme nôtres au Conseil municipal. Ne pouvant le voir, nous lui écrivons une lettre pour lui demander un rendez-vous.

*28 octobre.* — Nous allons chez M. Cassan, qui nous dit que les plans sont prêts et qu'il les a terminés depuis quelques jours, qu'il les tient à la disposition de M. Polge, notre architecte. Averti par nous, ce dernier les envoie chercher le lendemain, 29, par son élève, auquel M. Cassan répond que les plans sont prêts, il est vrai, mais qu'ils ne sont pas signés du maire, à la signature duquel il va immédiatement les soumettre, et qu'il les enverra le soir à M. Polge.

*30 et 31 octobre.* — M. Polge nous écrit pour nous dire que les plans ne lui ont pas été envoyés par M. Cassan, et que notre entrepreneur Coulondre-Coudougnan menacé de nous poursuivre si on retarde à les envoyer, et qu'il était décidé à plaider pour nous faire de la peine. Nous allons chez le maire, mais nous attendons inutilement qu'il veuille bien nous recevoir ; la porte est ouverte pour tout le monde, excepté pour nous.

*2 novembre.* — Nous allons à la mairie pour signer les plans et devis ; M. Pharamond, secrétaire, nous dit qu'ils ne sont pas tout à fait terminés, qu'on met la dernière main aux devis, et nous engage à repasser le soir à quatre heures. A l'heure indiquée nous retournons à la mairie, il y avait encore un devis qui n'était pas terminé. Nous signons sur papier blanc, au-dessous de l'endroit qui doit être la fin ; nous signons en outre les autres devis terminés : les plans des bains chauds et lavoirs, le traité primitif du 18 décembre 1857, la lettre de réduction de la subvention du 22 février 1858, et le traité modifié du 4 octobre 1859. L'un de nous reste pour collationner tous les articles. M. Pharamond nous promet que le lendemain son premier travail sera de porter ces pièces à signer au maire, pour de là les porter à la Préfecture.

Nous allons voir M. le préfet, pour lui annoncer que nous venions de signer les pièces concernant les modifications, bien que celles que nous avions demandées n'eussent été acceptées qu'en partie, et qu'on nous eût imposé des charges qui s'élèvent à dix mille francs environ ; que, dans la position où nous nous trouvions, entre un entrepreneur qui réclame cinquante francs de dommages-intérêts par chaque jour de retard, et l'administration qui ne veut accepter nos modifications qu'à la condition de nouveaux sacrifices, sous peine de nous faire exécuter les plans anciens, qui sont on ne peut plus défectueux, nous avons été forcés d'accepter ces charges, qui contiennent elles-mêmes des impossibilités.

Nous venions le prier de faire expédier le plus tôt possible ces pièces de la préfecture, lorsqu'elles seraient soumises à son approbation : ce qu'il nous a promis de faire.

Le soir, en rentrant chez nous, nous trouvons le commandement de Coulondre, réclamant mille francs pour vingt jours de retard dans la livraison des plans.

3 *novembre*. — L'un de nous va attendre, le matin, M. Pharamond à la mairie, avec M. Arnaud, élève de M. Polge; lorsqu'il est arrivé, il l'a prié de vouloir bien lui montrer les plans des bains chauds et des lavoirs, pour en prendre un calque simplement ; ce qu'il a fait après avoir hésité un instant, mais en recommandant expressément de ne pas nous servir de ces détails, pour donner du travail aux ouvriers, à cause des graves difficultés qui pourraient en résulter.

Il leur dit qu'il ne pouvait aller chez le maire de suite, parce qu'il ne serait pas levé, mais qu'il ira à une heure lui faire signer les pièces et les porter de là à la préfecture.

Le soir, à quatre heures, notre jeune frère retourne à la mairie; M. Pharamond lui dit que le maire exige que les plans et devis soient signés de l'architecte de la ville avant de les soumettre à la préfecture (nouveau retard), que l'architecte est absent, et que lorsqu'il rentrera il les fera signer.

Nous faisons opposition au commandement de Coulondre, qui demande mille francs pour le retard qu'on met à lui livrer les plans, et qui exige que ces plans soient approuvés par l'autorité compétente.

**4 novembre.** — Nous allons le matin à la mairie, pour voir si les pièces sont parties pour la préfecture. Elles ne sont pas encore signées de l'architecte. Le soir, à quatre heures, notre frère Auguste y retourne; elles sont signées cette fois, et M. Pharamond lui promet qu'il va les envoyer à la préfecture. Notre frère voit le préfet, qui lui promet de ne pas mettre de retard dans la légalisation de ces pièces.

**10 novembre.** — Les pièces ne sont pas encore envoyées à la préfecture. Nous écrivons à M. le maire la lettre suivante :

Lunel, ce 10 novembre 1859,

Monsieur le maire de la ville de Montpellier,

Lorsque vous nous avez fait part des modifications que la commission des travaux publics apportait à nos modifications demandées dans notre lettre du 17 septembre dernier, et dont vous nous avez remis une copie, vous savez que nous ne voulions pas accepter les nouvelles charges que vous ajoutiez ainsi à celles que nous nous étions imposées nous-mêmes, dans l'espoir que ces sacrifices aplaniraient toutes les difficultés et nous feraient obtenir plus tôt l'autorisation de reprendre les travaux d'après nos nouveaux plans.

Vous vous rappelez, monsieur le maire, que vous nous avez assuré que si nous n'acceptions pas les charges imposées par la commission des travaux publics, vous ne présenteriez pas au conseil municipal la demande de modifications que nous vous avions adressée en ce conseil, et que nous en serions réduits à exécuter nos anciens plans défectueux. Nous avons dû céder et accepter ces nouvelles charges plutôt que d'ajourner l'approbation de ces changements aux devis primitifs.

Le 13 octobre, avant l'ouverture de la séance du Conseil municipal, nous vous avons remis également un projet de modifications aux lavoirs avec plans et devis à l'appui. En sortant de la séance avec deux conseillers municipaux, vous avez dit à l'un de nous que le Conseil avait tout approuvé, à l'unanimité, et que nous pouvions reprendre les travaux; quelques jours après, vous nous avez remis un projet de traité à signer, contenant les modifications premières de la Commission des travaux publics, plus d'autres modifications à nos modifications des lavoirs.

Quoique ces nouvelles modifications contiennent des impossibilités, ce qui, du reste, est tout naturel, car elles ont été proposées par des hommes qui ne sont pas spéciaux, et qui ne peuvent pas connaître ce qu'il faut pour une industrie qu'ils ne connaissent pas le moins du monde, nous avons accepté encore, pour ne pas occasionner d'autres retards, nous réservant de vous faire connaître plus tard ces impossibilités, sachant bien que vous ne demanderiez pas mieux que d'y porter remède.

Nous aurions préféré, il est vrai, régler auparavant ces questions-là avec vous; dans ce but et pour activer les formalités, nous nous sommes présentés inutilement plusieurs fois à votre bureau, à la mairie, et même chez vous, où nous avons attendu, en vain aussi, notre tour pour être introduits; nous regrettons vivement que votre indisposition ne vous ait pas permis de nous accorder l'audience que nous sollicitions ainsi de vous, et qui aurait eu en outre, nous en sommes sûrs, l'avantage précieux de couper court à toutes les lenteurs calculées de l'architecte, M. Cassan.

En effet, après nous avoir assurés, à nous et à notre architecte, M. Polge, que toutes les pièces étaient prêtes, nous n'avons pu signer les nouveaux traités, plans et devis que le 2 novembre, et encore avons-nous été obligés de signer en blanc une partie des devis qui n'était pas terminée.

Le lendemain les pièces devaient être envoyées à l'approbation de M. le préfet; elles sont encore aujourd'hui dans les bureaux de la mairie, où elles sont retenues par M. Cassan, qui dit ne pouvoir signer nos devis, parce que les diverses modifications que vous avez apportées à nos plans n'y ont pas été mentionnées.

Vous n'ignorez pas, monsieur le maire, que nous sommes sous le coup d'un jugement du Tribunal de commerce qui nous condamne à payer à Coulondre, notre entrepreneur de maçonnerie, 50 francs de dommages par jour, pour le retard que nous mettrons à lui livrer les plans qui lui sont nécessaires, et que nous avons reçu le 2 courant une sommation pour avoir à lui payer la somme de 1000 francs pour vingt jours déjà écoulés. Vous savez, monsieur le Maire, que nous avons fait tout notre possible pour avoir de suite à notre disposition les plans et devis nécessaires, et que ce n'est que ce motif qui nous avait fait accepter les charges que vous nous imposiez, et qui ne sont rien moins pour nous qu'un sacrifice de nos intérêts de plus de 10,000 francs, sacrifice qui est complétement inutile, puisque nous n'avons pas encore en main de quoi satisfaire aux exigences d'un entrepreneur tracassier qui s'inspire de conseils intéressés à nous nuire.

En conséquence, tout en vous remerciant, monsieur le maire, de vos bonnes dispositions, qui n'ont pu, malheureusement pour nous, amener le résultat favorable que nous étions en droit d'en attendre, nous prenons la liberté de vous déclarer aujourd'hui que c'est avec le plus vif regret, avec la plus poignante douleur, que nous nous voyons forcés d'exécuter les plans primitifs, quelque vicieux qu'ils soient, plutôt que de rester indéfiniment à attendre les plans modifiés, et que dans un bref délai nous donnerons les ordres de les exécuter, à moins que d'ici là vous n'ayez eu la bonté de nous faire remettre une copie de ces plans et devis signés de vous.

Vous ne pouvez douter, monsieur le maire, que nous ne soyons au désespoir de prendre cette mesure, et de faire exécuter des plans que nous savons, d'une manière positive, être contraires aux intérêts de la population; aussi, avons-nous l'espoir que vous appré-cierez convenablement cette position, et que vous voudrez bien nous accorder ce que nous vous demandons avec tant d'instances depuis si longtemps.

Nous avons l'honneur d'être, avec respect, etc.

A la suite de cette lettre, les pièces sont enfin envoyées à la préfecture, mais avec des irrégularités telles qu'elles pourraient amener de graves difficultés dans l'avenir.

*15 novembre.* — Nous allons, en conséquence, avec monsieur le chef de bureau à la préfecture, et M. Polge, notre architecte, chez M. Cassan, et ne le trouvant pas le matin, nous y retournons le soir, pour le prier de vouloir bien rectifier une erreur de date : qu'il a signé le devis à la date du 5 octobre 1859, tandis que le traité et les plans portent celle du 4 octobre 1859. — M. Cassan s'y refuse, et ce n'est qu'après un nouveau retard et de pénibles tiraillements qu'il consent à rétablir les dates conformes.

En corrigeant après le 10 novembre des devis que nous avions signés le 2 novembre et les datant du 5 octobre, M. Cassan n'a pas craint de commettre une chose grave, *que nous ne qualifierons pas* (1), dans le but de causer de nouveaux retards en créant de nouvelles difficultés administratives préjudiciables à nos intérêts ; mais il a fait pis encore : M. Polge nous fait remarquer, sur le devis des bains chauds, des corrections contraires à l'esprit et à la lettre du traité, qui nous chargeaient de 5,000 fr. de plus environ ; la même observation s'applique au devis de la crèche.

Nous écrivons donc à M. le maire la lettre suivante :

Montpellier, ce 18 novembre 1859.

Monsieur le Maire de la ville de Montpellier,

Nous venons de prendre connaissance des corrections faites à nos devis par monsieur l'architecte de la ville, et nous avons remarqué qu'une partie de ces corrections était faite conformément au nouveau traité du 4 octobre dernier, mais qu'une autre partie avait été faite en dehors de l'esprit et de la lettre de ce traité.

La première partie de ces corrections ne nous donne lieu à aucune observation, puisqu'elles ont été reconnues par le traité du 4 octobre ; mais nous ne pouvons en accepter la seconde partie, parce qu'elle est en dehors de ce nouveau traité et qu'elle est contraire, nous en sommes certains, à votre opinion personnelle.

(1) M. Cassan est coutumier du fait, à ce qu'il paraît, car nous lisons dans un mémoire adressé au Conseil de préfecture par M. Servel, la phrase suivante : « Lorsque j'eus vérifié ces plans, il me fut facile de découvrir qu'ils n'étaient pas conformes à ceux déposés à la préfecture, et qui avaient servi de base à l'adjudication. »

Ce fait est grave, Messieurs, *je ne le qualifierai pas* ; mais il est certain, et, pour en être convaincus, vous n'avez qu'à comparer ces tracés avec les plans déposés à la préfecture. Or, ces changements opérés par Monsieur l'architecte entraînaient pour moi une perte considérable.

Vous nous permettrez, en effet, de vous rappeler, monsieur le Maire, que lorsque nous avons présenté notre projet de crèche, vous vous êtes vivement récrié, en nous blâmant de l'avoir autant exagéré, et nous conseillant, à notre architecte et à nous, de le réduire. Or, ce devis qui, tout exagéré qu'il était, s'élevait à seize cent quatre-vingt francs (1,680 fr.), se trouve aujourd'hui porté par M. l'architecte de la ville, à deux mille quarante-neuf francs soixante-quatre centimes (2,049 fr. 64 cent.), au moyen d'augmentations faites en partie en dehors du traité.

Il en est de même des bains chauds, dont le devis primitif était de vingt-six mille deux cent vingt-huit francs vingt centimes (26,228 fr. 20 cent.); le devis présenté par nous de trente-un mille cent quatre-vingt-dix francs cinquante-cinq centimes (31,190, fr. 55 cent.), et le devis corrigé par monsieur l'architecte de la ville, de trente-sept mille sept cent soixante-cinq francs soixante-quatorze centimes (37,765 fr. 74 c.).

Nous croyons donc nous conformer à vos intentions, monsieur le Maire, en vous priant de faire mettre ces devis, ainsi que celui des lavoirs, en harmonie avec les diverses modifications consignées dans notre traité du 4 octobre, et à nous les faire remettre dans le plus bref délai. Vous connaissez aussi bien que nous les motifs puissants qui nous portent à vous réclamer aussi instamment la remise de ces pièces. Nous comptons donc sur votre justice pour faire droit à notre prière.

Nous avons l'honneur d'être, etc.

Le même jour nous recevons de M. le Maire la lettre ci-jointe :

Montpellier, le 18 novembre 1859.

*Le maire de la ville de Montpellier.*

Messieurs,

Je reçois aujourd'hui, de monsieur le préfet, approuvé à la date du 14 novembre courant, le traité, et la lettre qui s'y rattache, du projet des bains et lavoirs publics dont vous êtes entrepreneurs (1).

Dans sa lettre du même jour, monsieur le préfet énonce que ces pièces doivent être soumises à la formalité de l'enregistrement, qui sera donné gratis, en vertu de l'article 58 de la loi du 3 mai 1841, sur la représentation du décret de déclaration d'utilité publique du 15 janvier 1859.

Je joins, en conséquence à mon envoi, une copie de ce décret.

Veuillez m'accuser réception de ce dossier et donner, sans retard, la suite nécessaire à cette affaire.

Quand la formalité d'enregistrement aura été remplie, vous aurez à en donner communication au bureau du secrétariat, afin que mention puisse en être portée sur les originaux déposés à la mairie.

Agréez, messieurs, l'assurance de ma considération distinguée.

*Signé :* PAGÉZY.

(1) Nous ne sommes pas entrepreneurs ; mais concessionnaires, ce qui est bien différent.

Nous tenons à constater la date de cet envoi, par la mairie, de nos traités primitifs et du décret qui s'y rattachait.

**Nous écrivons en même temps à M. le préfet :**

Montpellier, ce 18 novembre 1859.

Monsieur le préfet de l'Hérault,

Les devis modifiés des bains et lavoirs publics que vous aviez eu la bonté de faire demander à la mairie pour terminer promptement cette affaire ayant été soumis à notre signature, notre architecte nous a fait remarquer qu'ils n'étaient pas conformes à l'esprit de notre traité du 4 octobre 1859. Comme ce manque de rapport entre le traité et les devis nous est préjudiciable et pourrait plus tard susciter de nouvelles difficultés, nous avons écrit à ce sujet à M. le maire une lettre que nous nous empressons de vous communiquer, afin de vous renseigner sur cette affaire.

Nous avons l'honneur d'être, avec un profond respect, etc.

**Nous recevons de M. Polge la lettre suivante :**

19 novembre.

Aujourd'hui, j'ai eu avec monsieur le maire et monsieur Cassan une conférence de trois heures. Cette conférence avait pour but de rectifier les devis des bains chauds et de la crèche, qui ne l'avaient pas été conformément à l'esprit du traité du 4 octobre 1859.

Il est résulté de cette conférence, qui a été un peu orageuse, que les devis présentés par vous et dressés par moi, sont maintenus, sauf deux articles qui sont d'une grande importance pour vous : ce sont les fenêtres des bains chauds et l'épaisseur des murailles. J'ai eu beau faire et beau dire, monsieur le maire n'a pas voulu changer un iota à ces deux articles, attendu que la commission nommée par lui avait conservé l'ancienne façade.

Cependant si pour vous être agréable, ou mieux, si pour l'utilité de cette partie de l'établissement, il était indispensable de les diminuer, il vous promet, lorsque vous lui en ferez la demande écrite, de faire tout ce qui dépendra de lui pour la faire adopter. Mais en attendant, il persiste et veut que ces dimensions soient conservées dans les devis rectifiés par monsieur Cassan. A ce sujet, j'ai développé le but primitif de ces croisées et celui qu'elles devaient avoir par suite de mes modifications ; rien ne l'a pu détourner de son obstination.

Enfin, pour en terminer, consultez-vous sur ce que vous devez faire, ou mieux, venez lundi à Montpellier; nous nous consulterons et nous verrons, à la suite de notre entretien, si vous devez supporter les nouvelles dépenses qu'on vous impose.

Votre tout dévoué,

*Signé :* POLGE.

M. Polge écrit à monsieur le maire de Montpellier :

27 Novembre.

Messieurs Bérard frères, avant de signer les devis que vous m'avez fait l'honneur de m'envoyer vendredi dernier, désirent qu'ils soient accompagnés de dessins, sur lesquels les travaux à exécuter y soient tous figurés.

Ces dessins leur permettront de juger si tout a été prévu.

Ces pièces sont indispensables non-seulement aux messieurs Bérard, mais encore nécessaires pour obtenir l'approbation de l'administration supérieure, qui désirera s'assurer si les modifications au devis primitif ne sont pas à l'avantage seulement des concessionnaires.

Voici, monsieur le maire, une note des plans à produire :

1° Le plan et la coupe longitudinale de la conduite principale à l'échelle de 0,002 mill.;

2° Les détails des regards et des robinets à l'échelle de 0,05 cent.;

3° Le plan de distribution des conduites des bains chauds et le détail des robinets aux mêmes échelles que les précédentes;

4° Enfin, le plan de distribution des conduites des lavoirs et de leurs aqueducs, accompagnés de détails.

J'ai remarqué dans le devis comparatif des lavoirs que toutes les tubulures avaient été omises dans la colonne désignée par *dépense résultant des modifications.* Il est urgent que cette dépense y figure pour établir exactement s'il y a réellement compensation.

J'ai l'honneur d'être, Monsieur le maire,
Votre tout dévoué serviteur,

*Signé :* POLGE.

P. S. Vous trouverez ci-joints tous les devis que vous m'avez envoyés.

M. Polge écrit de nouveau à monsieur le maire de Montpellier :

30 Novembre.

Au reçu de votre honorée, je me suis empressé d'aller au secrétariat, comme elle me l'indiquait.

Monsieur le secrétaire général m'a prié de dire aux MM. Bérard frères d'aller signer les devis des modifications apportées aux bains et lavoirs, attendu que l'architecte de la ville avait prétendu que ce dossier était complet.

Je dois vous informer, M. le maire, qu'ayant fait part de cet avis à MM. Bérard, ils m'ont répondu qu'ils ne signeraient les devis que lorsque les plans demandés par ma lettre du 27 novembre courant seraient joints aux devis que vous m'avez fait l'honneur de m'envoyer, et conformes à leur contenu.

J'ai l'honneur d'être, Monsieur le maire,
votre tout dévoué serviteur.

*Signé :* POLGE.

5

6 *décembre.* — Nous recevons enfin de M. le maire de Montpellier une réponse catégorique aux lettres qui précèdent, relativement aux modifications des plans et devis.

Messieurs, j'ai de nouveau appelé l'attention de M. l'architecte de la ville sur le dossier relatif au projet de modifications de bains et lavoirs publics de la ville de Montpellier.

M. l'architecte persiste à penser que les pièces qui ont été présentées à votre signature suffisent à l'entière instruction de l'affaire, et que celles que vous réclamez ne sont pas nécessaires et ne figurent pas dans le dossier du projet adopté.

En conséquence, s'il vous est agréable de les voir dans le projet modifié, faites-les faire par votre architecte dans le plus bref délai, et je les soumettrai à M. l'architecte de la ville, afin de m'assurer de l'exactitude des dessins.

Je suis surpris des lenteurs calculées que vous apportez à la solution de cette affaire, et j'ai l'honneur de vous prévenir que si vous persistez dans votre refus de signer ces pièces, je vais vous enjoindre d'exécuter les devis primitifs, regardant tout ce qui a été fait jusqu'à ce jour, pour les modifier, comme nul et non avenu.

J'attends votre réponse par le retour du courrier, et je vous invite à me l'adresser directement et non par la voie d'un tiers.

Agréez, etc.

*Signé :* PAGÉZY.

10 *décembre.* — Nous répondons à M: le maire :

Après les pourparlers qui ont lieu entre vous et MM. Cassan et Polge, après les réclamations que nous vous avions faites dans nos lettres des 10 et 18 novembre dernier, nous avions tout lieu d'espérer que les devis nous seraient enfin remis conformes à l'esprit et à la lettre du traité du 4 octobre dernier.

Il n'en a malheureusement rien été, et votre lettre du 6 décembre, que nous n'avons reçue que trois jours après, vient nous confirmer que M. Cassan, architecte de la ville, ne juge pas à propos de mettre ces devis en harmonie avec les traités.

Si quelqu'un doit être surpris *des lenteurs calculées apportées à cette affaire,* et nous ajouterons, profondément affligé, ce sont vos malheureux concessionnaires, dont les sacrifices d'argent et de temps sont énormes et

irréparables. Ils n'ont qu'un intérêt, celui de terminer au plus tôt leur établissement et de le livrer au public, à l'époque du concours régional qui
doit avoir lieu à Montpellier.

Nous ne pouvons ni ne voulons signer des devis qui ne sont pas con-
formés au traité, ce qui plus tard susciterait des difficultés nombreuses.

Nous attendons votre injonction d'exécuter les plans primitifs que vous
avez reconnus, comme nous, défectueux, et la détermination où vous êtes
de considérer les nouveaux comme nuls et non avenus, afin d'y obéir ou
de nous pourvoir devant qui de droit, à l'égard de ces modifications indispensables et pour l'obtention desquelles nous n'avons pas reculé devant
un surcroît de dépenses de 10,399 fr. 75 c., déduction faite des objets
dont nous avions demandé la suppression.

Nous avons l'honneur de vous adresser notre réponse, comme d'habi-
tude, directement à vous-même, monsieur le maire; si des tiers vous ont
écrit, ce n'est pas pour répondre à des lettres envoyées à notre adresse,
mais bien à la leur. Quant à nous, nous ne pouvions pas vous répondre
plus tôt, puisque nous n'avions pas encore reçu de réponse à nos lettres
des 10 et 18 novembre dernier.

Nous avons l'honneur d'être, etc.

---

Nous terminerons cette longue énumération de griefs en déplorant
amèrement que notre activité, notre temps, notre argent, si nécessaires
à d'utiles établissements, n'aient été consacrés, sans profit jusqu'ici, qu'à
une défense incessante contre des entraves ou des attaques injustes,
quand, de l'aveu de tous, on n'aurait trouvé ni un homme, ni un sou
pour entreprendre cette affaire; et s'il nous était permis de comparer les
petites choses aux grandes, nous dirions en finissant : nous avons trouvé
à Montpellier notre isthme de Suez; mais, heureusement pour nous, nos
juges ne sont pas à Constantinople.

Que Monsieur le Préfet nous permette de lui exprimer publiquement
aujourd'hui notre reconnaissance pour tous les efforts qu'il a faits en
faveur de notre œuvre, et pour amener une conciliation entre l'administration municipale et nous.

MESSIEURS LES CONSEILLERS,

Il ressort des explications données dans ce mémoire :

1° Que les premiers plans et devis proposés par la ville de Montpellier, approuvés par l'autorité supérieure et acceptés par nous, ont été reconnus, au cours de leur exécution, défectueux et inapplicables en plusieurs points et pouvant compromettre la réalisation d'une œuvre utile, en sacrifiant inutilement les fonds de l'État et les nôtres ;

2° Que les modifications proposées par nous et adressées à Monsieur le maire de la ville de Montpellier, en son conseil municipal, mettant un surcroît de dépenses à notre charge de 10,899 fr. 75 c. (voir pièce 21), n'ont pas été soumises aux délibérations de ce dernier, qui n'a pu donner son opinion que sur un projet de modifications qui n'était pas le nôtre, aussi inapplicable et inexécutable en partie que les premiers plans et devis (1);

3° Que la preuve de la défectuosité des modifications nouvelles faites sur les plans et devis votés par le conseil municipal, le 18 octobre 1859, ressort des corrections improvisées par l'architecte de la ville depuis cette époque, et que nous refusons de subir, parce qu'elles contiennent un surcroît de dépenses de 17,528 fr. 51 c. (voir pièce 22).

4° Que la suspension du travail, à deux reprises différentes, provient manifestement de la négligence et du mauvais vouloir de M. l'architecte municipal, qui doit être responsable, ainsi que la ville, de toutes les pertes pécuniaires que nous avons subies, soit par les procès et les amendes encourues à l'égard de nos entrepreneurs, soit par la perte de deux années d'exploitation, et que nous n'évaluons pas à moins de soixante mille francs que nous consacrerons aux pauvres de la ville.

5° Enfin que la disparition des métaux, et notamment d'une grande grille en fer de porte cochère, à une époque où la ville était gardienne de l'établissement de la vieille boucherie, et dont elle peut d'autant moins rejeter la responsabilité qui lui incombe et la juste indemnité qu'elle nous doit, que l'article 3 de notre traité avec elle porte textuellement : « Les frais de démolition des bâtiments de l'ancien abattoir seront à la charge des sieurs Bérard, qui deviendront propriétaires des matériaux en provenant. » ( Voir pièce 1 et la lettre du 10 janvier 1858, page 3.) Que cette disparition, disons-nous, nous cause un préjudice matériel que nous évaluons à six mille francs.

Par tous ces motifs, et la suspension des travaux nous causant un préjudice dont nos intérêts et ceux de la ville souffrent également, nous avons l'honneur de vous demander, messieurs :

1° Si M. Cassan, architecte de la ville, doit rester juge des modifications devenues ou pouvant devenir nécessaires à des plans et devis reconnus inexécutables et présentés par lui.

2° S'il doit rester chargé de la surveillance, de la réception des travaux, lorsque déjà la direction lui en a été retirée, ainsi que de l'attribution des eaux nécessaires à nos établissements.

3° Que la ville soit condamnée à nous payer la somme de soixante-six mille francs, tant pour nos métaux disparus que pour nos frais de procès, notre perte considérable de temps et d'argent et les bénéfices légitimes que devaient nous donner l'exploitation pendant deux ans de nos bains et lavoirs publics.

Et, afin d'éclairer votre religion sur tous les faits graves, mais vrais, que nous venons soumettre à votre haute impartialité et à votre justice bien connues, nous vous supplions de vouloir bien nous entendre avant de prononcer votre décision, que nous attendrons avec une pleine et entière confiance.

Nous avons l'honneur d'être,
Messieurs,
Vos très humbles et très obéissants serviteurs,
BÉRARD frères.

(1) Ce n'est que le 13 octobre 1859, quelques heures avant la réunion du conseil municipal, que nous avons remis personnellement à M. le maire notre demande de modifications des lavoirs.

# PIÈCES JUSTIFICATIVES

### Traité du 10 février 1851.

Entre les soussignés,

M. David-Jules Pagézy, chevalier de la légion d'honneur, maire de la ville de Montpellier, assistant en cette qualité d'une part,

Et MM. Auguste Bérard, Antoine Bérard et Pierre-Auguste Bérard frères, domiciliés à Lunel,

Il a été arrêté et convenu ce qui suit :

Article 1er. — Les sieurs Bérard frères prennent l'engagement de construire à forfait, pour la ville de Montpellier, un établissement modèle de bains et lavoirs publics, tel qu'il est figuré aux plans et devis ci-annexés, moyennant le prix de 150,000 francs, montant du devis.

Art. 2. — L'établissement sera construit sur le terrain anciennement occupé par l'abattoir et appartenant aux hospices de la ville de Montpellier, dont la commune fera l'expropriation, si elle ne peut s'entendre à l'amiable avec la commission administrative desdits hospices et sur l'emplacement occupé par le chemin vicinal n° et par les matériaux entreposés lors de l'exécution du chemin de fer de Montpellier à Nîmes, ledit emplacement évalué à 40,000 francs.

L'établissement contiendra :

1° Un appareil de lessivage fonctionnant par la pression de la vapeur du générateur ou tout autre procédé reconnu plus parfait ;

2° Un lavoir garni de cent cinquante-deux places ;

3° Une essoreuse de cent cinquante centimètres de diamètre au moins ;

4° Deux séchoirs couverts à air libre ;

5° Quatorze cabinets de bains, garnis chacun de sa baignoire, plus deux garnis de deux baignoires ;

6° Un bassin de natation servant de réservoir d'eau froide pour l'alimentation du lavoir ;

7° Un réservoir d'eau chaude pour idem ;

8° Ensemble les logements des employés, tous les appareils, ustensiles et mobilier nécessaires à l'exploitation.

Le tout amplement détaillé aux plans et devis annexés aux présentes.

Art. 3. — Les frais de démolition des bâtiments de l'ancien abattoir seront à la charge des sieurs Bérard, qui deviendront propriétaires des matériaux en provenant. Les matériaux employés à la construction des bâtiments et à la confection des appareils seront de premier choix.

Art. 4. — MM. Bérard frères restent soumis à la garantie légale résultant des articles 1792 et 1708 du Code civil pour les constructions qu'ils prennent l'engagement d'élever.

Art. 5. — Les travaux commenceront, si toutefois le temps le permet, dans les deux mois de la notification qui sera faite à MM. Bérard par M. le maire de la ville de Montpellier, de l'approbation du présent traité par l'autorité supérieure.

Les travaux portés dans le devis, et s'élevant à la somme de 150,000 fr., seront achevés et l'établissement livré au public dans l'année qui suivra le commencement des travaux ; ils seront faits sous les ordres et au compte de MM. Bérard frères, sous la direction, sous la surveillance de l'architecte de la ville, et payés par eux sans que jamais la commune puisse être appelée par les constructeurs à en payer la moindre portion au delà de celle établie à l'article 7 ci-après.

Art. 6. — La réception des travaux et de l'établissement sera faite par l'autorité municipale ; elle sera constatée par un procès-verbal administratif dressé contradictoirement avec les concessionnaires ; l'ouverture de l'établissement aura lieu immédiatement après cette réception.

Art. 7. — La ville de Montpellier affecte seulement au payement des dépenses faites par MM. Bérard, en exécution de l'article 1er ci-dessus, la subvention qu'elle obtiendra de l'État sur le crédit ouvert par la loi du 3 février 1851 et par le décret du 3 janvier 1852, pour encourager la création de lavoirs et bains publics gratuits et à prix réduits.

Cette subvention devra être égale au tiers de la dépense totale fixée par l'article 1er, augmentée de la valeur des terrains, portée à 40,000 francs par l'article 2. Elle sera remise à MM. Bérard frères par la ville, *au fur et à mesure de l'avancement des travaux et sur états mensuels présentés par l'architecte* de la ville, sous la déduction d'un sixième, qui sera payé à MM. Bérard frères, dans le mois qui suivra la réception de l'établissement.

Art. 8. — MM. Bérard frères s'engagent à parfaire de leurs deniers personnels le complément des dépenses d'édification et d'appropriation de l'établissement.

Art. 9. — En raison des engagements pris par MM. Bérard frères, art. 1, 4, 8 et 11 des présentes, M. le maire leur concède une concession de *trente-cinq années*, à partir du jour de l'ouverture de l'établissement pour l'exploitation des lavoirs et bains publics gratuits et à prix réduits à élever à Montpellier avec le concours de la ville, conformément aux tarifs ci-dessous.

Dans le cas cependant où la ville jugerait l'établissement insuffisant pour les besoins de la population, elle se réserve le droit d'en construire d'autres après dix années expirées, dans les conditions qui lui paraîtront les plus convenables, soit par elle-même, soit par des tiers, au refus constaté de MM. Bérard frères.

Il est bien entendu que la concession de trente-cinq années ne peut porter atteinte aux établissements déjà formés, non plus qu'à ceux qui pourraient être créés en dehors du concours de la ville.

Art. 10. — Les tarifs de l'établissement sont fixés ainsi qu'il suit :

*Places.* — Chaque place au lavoir se payera, l'heure. . . . . . . . 0 fr. 05 c.

*Eau chaude ou lessive.* — Chaque seau de dix litres . . . . . . . 0 05

*Essoreuse.* — La tournée du tambour de soixante-cinq centimètres au moins de diamètre, plein de linge mouillé. . . . . . . . . 0 20

*Buanderie.* — Linge sale pesé sec, le kilogramme. . . . . . . . . . . . . . 0 05

Le linge sale des indigents munis d'une carte de la mairie, du poids de
    quatre kilogrammes au plus chacun, sera taxé le kilogramme. . . 0 025

*Séchoirs.* — Les cabinets pour sécher le linge seront payés d'après leur
    grandeur : ceux de deux mètres cinquante sur deux mètres, . . . 0 10
    Ceux de deux mètres cinquante sur un mètre. . . . . . . . . . . 0 05

*École de natation.* — Entrée dans le grand bassin. . . . . . . . . . . 0 25
    Dimanche et lundi . . . . . . . . . . . . . . . . . . . . . . . . 0 10
    Samedi . . . . . . . . . . . . . . . . . . . . . . . . . . . . . . 0 30
    Peignoir. . . . . . . . . . . . . . . . . . . . . . . . . . . . . . 0 10
    Serviette. . . . . . . . . . . . . . . . . . . . . . . . . . . . . 0 05
    Caleçon. . . . . . . . . . . . . . . . . . . . . . . . . . . . . . 0 10

*Bains.* — Bains ordinaires à eau chaude. . . . . . . . . . . . . . . . . 0 25
    Id.      à eau froide. . . . . . . . . . . . . . . . . . 0 10
    Fond de baignoire. . . . . . . . . . . . . . . . . . . . . . . . . 0 20
    Peignoir. . . . . . . . . . . . . . . . . . . . . . . . . . . . . . 0 10
    Serviette. . . . . . . . . . . . . . . . . . . . . . . . . . . . . 0 05

Art. 11.—Messieurs Bérard frères s'engagent, pendant toute la durée de la concession, à mettre gratuitement à la disposition de l'administration dix placés et dix séchoirs de deux mètres cinquante sur un mètre, où les indigents pourront aller successivement pendant toute la journée laver et sécher leur linge, et un seau de lessive ou d'eau chaude sera gratuitement accordé à chacun d'eux.

MM. Bérard frères s'engagent, en outre, à mettre à la disposition de l'administration quatre baignoires dans lesquelles elle pourra faire prendre gratuitement trente bains par jour aux indigents, au moyen de bons délivrés par elle ; à payer tous les impôts qui pourront frapper cet établissement ; à fournir à l'administration municipale tous les documents statistiques nécessaires à établir le résultat de l'entreprise au double point de vue de l'hygiène publique et des avantages assurés aux classes laborieuses et nécessiteuses.

Art. 12.—MM. Bérard frères entretiendront en bon état les bâtiments et le mobilier de l'établissement pendant le temps de leur exploitation, et les rendront également en bon état à la fin de la jouissance.

Art. 13.—A l'expiration des trente-cinq années d'exploitation concédées à MM. Bérard frères, l'établissement rentrera dans les mains de la ville complètement libérée des sommes avancées, et sans que MM. Bérard frères puissent élever aucune réclamation ou prétention quelconque à raison de leurs avances ; de même, si MM. Bérard frères n'exécutaient pas les conditions d'exploitation ci-dessus indiquées, la commune, deux mois après un simple commandement resté infructueux, rentrerait dans la jouissance de l'établissement et serait dès lors complètement libérée des sommes avancées par MM. Bérard frères, hors les cas de force majeure.

Art. 14.—MM. Bérard frères auront le droit, pendant le cours de la concession, de faire tous changements ou modifications utiles, soit dans l'intérêt de l'agrandissement de l'établissement, soit dans le système de lessivage et des baignoires ou pour toute autre cause

6

d'utilité publique, après les avoir fait approuver par l'autorité municipale ; ces changements seront acquis à la ville à l'expiration de l'exploitation.

Art. 15. — Les présentes conventions seront soumises à l'approbation de l'autorité supérieure ; elles ne seront exécutoires qu'autant qu'elles auront obtenu cette approbation et que la subvention stipulée article 7 aura été accordée à la ville de Montpellier.

Art. 16. — Si, après l'approbation des présentes par l'autorité supérieure et leur notification à MM. Bérard frères, ceux-ci n'exécutaient pas les travaux, ou si, en cours d'exécution, les travaux étaient suspendus par une cause indépendante de la commune, M. le maire de la ville de Montpellier aura le droit, après une mise en demeure judiciaire restée deux mois sans effet, de poursuivre l'exécution des présentes conventions par les voies de droit, ou de les résilier, et de les déclarer nulles sans autres frais.

Art. 17. — MM. Bérard frères se réservent le droit d'ajouter à leur établissement des cabinets supplémentaires, des bains de vapeur ou autres bains médicaux, s'ils le jugent nécessaire, à la condition que le nombre des baignoires ci-dessus stipulées, article 2, sera intégralement conservé.

Art. 18. — MM. Bérard frères se réservent la faculté de commencer par l'établissement de cent places au lavoir, et de compléter successivement le nombre des places porté au devis, lorsque les besoins du service l'exigeront.

Art. 19. — La ville de Montpellier ne prend l'engagement de céder, pour la construction de l'établissement, que les terrains de l'ancien abattoir, distraction faite des parties qui, d'après le plan d'alignement, doivent être abandonnées à la voie publique.

Elle prend l'engagement de faire les démarches nécessaires pour obtenir la réduction à huit mètres de la rue de la Charité, et la cession de la partie de la voie publique et des terrains occupés par le dépôt des déblais opérés par la Compagnie du chemin de fer, conformément au plan énoncé à l'article 1er ; mais il est bien entendu que, dans le cas où ces démarches ne réussiraient pas, MM. Bérard frères n'auraient à réclamer à la ville ni dommages, ni indemnités ; mais, dans ce cas, le projet serait modifié de manière à ce qu'il pût s'accorder avec le périmètre du terrain.

Art. 20. — La ville s'oblige à fournir à MM. Bérard frères l'eau nécessaire à leur établissement, jusqu'à concurrence d'une moyenne de trois cents mètres cubes par jour, pendant les mois d'octobre, novembre, décembre, janvier, février, mars et avril ; pendant les mois de mai, juin, juillet, août et septembre, la moyenne établie par semaine pourra s'élever à cinq cents mètres cubes par jour.

Ces eaux, de la catégorie de celles appelées versantes, seront prises aux bassins de l'Esplanade, aux frais des concessionnaires.

La ville se réserve la faculté d'utiliser à son profit ou de concéder les eaux à leur sortie de l'établissement.

Le puits à roues, actuellement existant, sera conservé et utilisé par les concessionnaires lorsqu'ils le jugeront nécessaire.

Art. 21. — S'il s'élève des difficultés sur l'exécution des présentes, elles seront jugées par le Conseil de préfecture du département.

Fait en autant d'originaux que de parties intéressées, à Montpellier, le dix février mil huit cent cinquante-sept.

(Suivent les signatures.)

# PIÈCE 2.

## Traité du 18 décembre 1857.

Ce traité est semblable au traité du 10 février 1857, excepté dans les articles suivants.

Art. 1er. — Les sieurs Bérard frères prennent l'engagement de construire à forfait, pour la ville de Montpellier, un établissement modèle de bains et lavoirs publics, tel qu'il est figuré aux plans et devis ci-annexés, moyennant le prix de cent soixante dix-huit mille neuf cent soixante-quinze francs cinquante centimes (178,975 fr. 50 c.).

Art. 2. — L'établissement sera construit, etc., etc. (comme au traité du 10 février 1857).

4° Un bassin d'essangerie ;

5° Deux séchoirs couverts à air libre ;

6° Trente-six cabinets de bains, garnis chacun de sa baignoire, etc., etc. (comme au traité du 10 février 1857).

Art. 4. — MM. Bérard frères sont soumis aux obligations prévues par l'article 1793 du Code Napoléon et à la garantie légale déterminée par l'article 1792 du même Code pour les constructions qu'ils prennent l'engagement d'élever.

Art. 7. — La ville de Montpellier, etc. (comme au traité du 10 février).

Elle sera remise à MM. Bérard frères, savoir : par tiers, à mesure qu'ils justifieront de l'avancement des travaux ; le dernier tiers ne sera payé qu'après la réception définitive de l'établissement.

Art. 9. — En raison des engagements, etc. (comme au traité du 10 février).

La ville se réserve le droit de se servir, dans ses nouveaux établissements, des appareils brevetés qui pourraient appartenir à MM. Bérard frères, sans que ceux-ci puissent prétendre à aucune indemnité.

Art. 10. (comme au traité du 10 février).

Art. 11. — MM. Bérard frères s'engagent, pendant toute la durée, etc., etc.

MM. Bérard frères s'engagent, en outre, à mettre à la disposition de l'administration six baignoires, dans lesquelles elle pourra faire prendre gratuitement quarante-cinq bains par jour aux indigents, au moyen, etc., etc., etc. (idem comme au traité du 10 février).

Art. 18. — MM. Bérard frères se réservent la faculté de n'établir en commençant que cent places au lavoir ; ils devront compléter successivement le nombre des places porté au devis, lorsque l'administration municipale le jugera nécessaire.

Art. 20. — La ville s'oblige à fournir gratuitement à MM. Bérard l'eau nécessaire à leur établissement, jusqu'à concurrence d'une moyenne de trois cent soixante-quinze mètres cubes par jour pendant les mois d'octobre, novembre, décembre, janvier, février, mars et avril ; pendant les autres mois, la moyenne, établie par semaine, pourra s'élever à cinq cent soixante-quinze mètres cubes par jour.

Néanmoins, les concessionnaires ne pourront réclamer aucune indemnité pour les privations momentanées de l'eau qui seraient occasionnées par des travaux rendus nécessaires, soit dans l'aqueduc, soit dans les conduites de distribution soit par un cas de force majeure.

L'eau fournie par la ville, de la catégorie de celles appelées eaux versantes, sera prise aux bassins de l'Esplanade, aux frais des concessionnaires.

Il est entendu que MM. Bérard frères pourront être tenus de prendre les eaux versantes de la fontaine placée au bas de la rampe de l'Esplanade, à-compte de la quantité d'eau concédée par la ville.

Dans le cas où la ville voudrait utiliser, dans le même but, des eaux versantes d'autres fontaines, elle aura la faculté de le faire, mais à ses frais.

La ville se réserve la faculté, etc., etc.

Le puits à roues, etc.. etc.

Fait à Montpellier en autant d'originaux, etc., le 18 décembre 1857.

Signé Auguste BÉRARD, Pierre-Auguste BÉRARD,<br>Antoine BÉRARD, PAGÉZY.

Vu et approuvé, conformément au décret du 15 janvier 1859, qui a déclaré d'utilité publique, le projet d'établissement de bains et lavoirs publics à Montpellier.

Montpellier, le 14 novembre 1859.

Le préfet de l'Héraut,

Signé GAVINI

Enregistré à Montpellier, le 5 décembre 1859, f° 49, v°, c. 3 et suivants; reçu treiz cent dix francs quatre-vingt-dix-huit centimes, savoir : 1180 fr. 80 c. pour le t. 1. 2. r. pour la subvention, décime 119 fr. 18 c.

Signé : MÉJAN.

---

## PIÈCE 3.

*Lettre ministérielle relative à la subvention.*

Paris, 6 février 1858.

Monsieur le Préfet,

En réponse à votre lettre du 28 décembre dernier, j'ai l'honneur de vous informer que j'ai décidé que la subvention accordée à la ville de Montpellier pour la construction d'un établissement de bains et lavoirs publics, serait portée à 60,000 fr.

Je vous ferai remarquer que, dans cette circonstance, la ville de Montpellier a été traitée d'une manière exceptionnelle, et qu'il ne me serait pas possible d'élever de nouveau le chiffre de cette subvention.

Le reliquat disponible sur le crédit affecté à encourager la création des bains et lavoirs publics n'est plus que de 162,000 fr., et des villes importantes ont présenté des projets pour lesquels elles réclament également le concours de l'État.

Recevez, monsieur le préfet, etc., etc.

Signé : BILLAULT.

## PIÈCE 4.

*Formule donnée par M. Cassan pour accepter la subvention. — Il presse l'arrivée de notre frère de Paris.*

Monsieur le Maire,

Nous avons pris connaissance de la décision ministérielle du 9 février courant, qui réduit à soixante mille francs la subvention de l'État, qui d'après l'article 7 de notre traité avec la ville devait être égale au tiers de la dépense totale fixée dans l'article 1er dudit traité.

Nous consentons à annuler cette dernière clause, et nous venons vous déclarer, Monsieur le maire, que nous acceptons la subvention de soixante mille francs accordée par l'État, quoique inférieure au tiers de la dépense totale, renonçant à rien réclamer à la Ville, et nous tenant pour satisfait de cette somme.

Cette lettre doit être écrite de la main de l'un de vous, et signée par vous trois.

Veuillez me l'expédier le plus tôt possible.

S'il est décidé que M. votre frère vienne pour traiter cette affaire, veuillez l'engager à venir le plus tôt possible et porter avec lui des modèles de robinetterie.

Je vous salue d'amitié.

Signé : CASSAN.

Ce 19 février 1858

---

## PIÈCES 5 et 6.

*Lettre de M. Cassan, du 7 avril 1858, au P. S.*

Un mot sur votre affaire, M. le maire me demande tous les jours si je n'ai pas de nouvelles de vous, et si votre frère doit arriver bientôt.

M. le préfet est à Paris ; il doit activer l'envoi du dossier.

*Autre lettre de M. Cassan, du 21 octobre 1856.*

Hâtez vos calculs, et déterminez au plus tôt vos annuités. Il peut se faire que vous soyez obligé de vous prononcer cette semaine, et que l'affaire se termine promptement. Si vous pouvez venir à Montpellier, faites le voyage ; venez par le premier convoi et montez chez moi. J'ai à vous causer.

— 80 —

Nous reproduisons les lettres de MM. Hortolès et Louis Argellies, dans toute leur pureté native.

Montpellier, le 26 février 1858.

Monsieur Bérard,

Ayant appris de la part de M. Estor, avocat, que vous alliez faire la construction de l'établissement des bains à Montpellier, comme son ouvrier en plâtrerie, il m'a engagé d'aller trouver M. Cassan, architecte chargé de la direction de ces travaux.

Je mi suis transporté pour en prendre connaissance. M. Cassan m'a répondu qu'il ne savait pas encore la forme que ce traitement pouvait être fait, si ça serait par soumission cachetée, en prenant des ouvriers en concurrence de chaque corps d'état, en présentant une responsabilité pécuniaire et de capacité.

Monsieur, vous m'obligerez beaucoup de me transmettre un devis de la plâtrerie, afin d'en prendre connaissance; de mon côté, je ferais tout ce qu'il dépendra de moi pour être votre ouvrier, comme je suis celui de M. Estor, dont il vous a parlé. Dans cette confiance, j'ai l'honneur d'être votre très humble serviteur,

HORTOLÈS.

Rue Valfère, 13.

Monsieur Bérard,

Je viens, auprès de vous pour vous faire savoir, que j'ai été rendre visite à M. Cassan de votre par, pour qui me donne connaissance de plan, devis et conditions de vos travaux;

Il ma repondu qu'il navait rien de pré, qu'il atendait votre frère de Paris pour délivrer le devis;

Il appris mon nom et mon adresse. Veuillez pense à moi quant vous ferai la judication.

Recevez mais salutations respectueuses. Votre tout devoué serviteur,

Le ARGELLIES,

Entrepreneur de maçonnerie, rue de Petit-Saint-Jean, n° 13, à Montpellier.

Montpellier, le 27 février 1858.

Mon cher Bérard,

Vous m'avez dit, dans notre dernier entretien, que vous aviez résolu de faire remettre des devis aux ouvriers, afin d'attirer des concurrents; vous m'aviez engagé à faire présenter chez M. Cassan les deux ouvriers que je vous avais recommandés. Ils sont allés chez lui, mais cet architecte leur a répondu qu'il n'avait pas d'ordre pour la remise des devis. Expliquez si j'ai mal entendu ou si M. Cassan a mal saisi vos instructions. Si vos choix sont arrêtés, rien à dire; s'ils ne le sont pas, je crois que votre intérêt est dans la publicité la plus grande.

Votre tout dévoué,

*Signé* : ESTOR.

## PIÈCE 10.

*Lettre de Coulondre, où il est parlé d'abandonner les travaux par suite des exigences de M. Cassan.*

Montpellier, 19 mai 1838.

Messieurs Bérard frères,

Nous avons vu M. Cassan ce matin, comme nous en étions convenus hier; il nous a dit que le contenu du cahier des charges devait s'exécuter ponctuellement concernant tous les vides à déduire, même dans les parties en surface, ainsi que tous les droits de voirie. Nous ne pouvons signer de telles choses, vu que ce n'est que le 18 mai que nous avons pu prendre connaissance dudit cahier des charges. Il est bien dit dans la série des prix, que nous avons signée le 27 avril dernier, que nous devons accepter le cahier des charges de l'administration municipale; si nous avons adhéré à cela, nous avons cru tout bonnement qu'il s'agissait de signer le cahier des charges imprimé que toutes les communes emploient en pareille circonstance, en y ajoutant tout simplement les conditions particulières.

Messieurs, nous sommes bien éloignés de croire que vous ayez voulu nous faire de cette chose-là une surprise; nous pensons que vous remédierez à cela en venant le plus tôt possible vous entendre avec M. Cassan à ce sujet. Je dois vous dire que ce serait la première fois que de telles conditions seraient posées sur des cahiers de charges dans la commune de Montpellier; on aurait le droit d'en mettre de plus fortes encore, mais il faut aussi en avoir pris connaissance avant de soumissionner; c'est ce qui aurait dû être fait.

D'après cela, Messieurs, si ces articles ne devaient pas s'arranger de suite, et de nous constater aussi la perte de temps que nous avons éprouvée depuis que nous avons commencé le travail, nous sommes bien décidés d'abandonner vos travaux; il vaudrait mieux pour nous faire cela, malgré la dépense que nous avons déjà faite, que d'avoir du désagrément ensemble à la fin des travaux.

Dans cette attente, je vous salue très affectueusement.

COULONDRE.

## PIÈCE 11.

*Lettre de Coulondre, annonçant qu'il a reçu du génie militaire l'ordre de suspendre les travaux.*

Montpellier, le 15 mai 1858.

Monsieur Bérard,

Les travaux sont arrêtés depuis sept heures du matin, par ordre du génie; il aurait fallu faire une soumission, parce que les constructions que nous allons faire sont dans la première zone des servitudes de la citadelle. Je viens à l'instant d'avertir M. Cassan, qui m'a dit de suspendre jusqu'à nouvel ordre.

J'ai pensé vous avertir de cela, afin que vous veniez faire activer cette formalité e vous adressant à M. le maire au plus tôt.

Dans cette attente, je vous salue très affectueusement.

Ét. COULONDRE.

P. S. Ceci est entre vous et moi.

---

## PIÈCE 1 .

Paris, 13 juillet 1858.

*Le maire de la ville de Montpellier à S. E. M. le Ministre de la guerre.*

Monsieur le ministre,

La ville de Montpellier, s'inspirant de la pensée de l'Empereur, va faire construire un magnifique établissement de bains et lavoirs publics gratuits (1) et à prix réduits, sur un emplacement formé par l'ancien abattoir et un terrain vacant.

Sa Majesté porte le plus vif intérêt à cette affaire et la commune a obtenu une subvention de soixante mille francs.

Lorsque le projet a été fait, l'administration municipale a cru, d'après de fausses indications, que l'entier emplacement se trouvait dans le polygone exceptionnel; mais quand, après avoir démoli l'ancien abattoir, l'entrepreneur a voulu commencer les fouilles pour poser les fondations, le génie militaire est intervenu, et il a été reconnu que le vacant sur lequel devait être placée une petite partie de l'établissement s'étendait dans la zone prohibée, d'un côté, de treize mètres cinquante centimètres, et de l'autre de vingt-six mètres soixante-dix centimètres.

(1) Chaque jour cent familles laveront gratuitement leur linge et quarante-cinq indigents prendront des bains chauds.

J'ai alors adressé à Votre Excellence une demande pour être autorisé à bâtir sur cette partie de l'emplacement, en me soumettant aux conditions imposées par les lois.

Le comité des fortifications a rejeté cette demande comme incompatible avec les lois qui régissent les servitudes défensives.

Mais si le comité pense qu'il n'y a pas lieu d'étendre le polygone exceptionnel dans les limites, cependant si restreintes du projet présenté par la ville, je crois pouvoir assurer que rien ne s'oppose à ce que Votre Excellence nous autorise exceptionnellement à exécuter notre projet, conformément à l'article 14 du décret du 10 août 1853. Nos bains et lavoirs sont une usine ; nous n'élevons que d'un rez-de-chaussée... dans la zone de prohibition ; leur utilité publique a été reconnue par un procès-verbal, à la date du 28 mai 1858, du chef du génie, de l'ingénieur des ponts et chaussées et du maire, et elle ne peut être contestée, puisqu'il s'agit d'un établissement municipal destiné à la classe ouvrière, et auquel le gouvernement de Sa Majesté a accordé une subvention de soixante mille francs ; enfin leur emplacement est déterminé par une circonstance locale qui ne se peut rencontrer ailleurs, puisque les bains et lavoirs publics gratuits et à prix réduits doivent être alimentés par les eaux versantes des bassins de l'Esplanade, qui ne pourraient être utilisées dans une autre position.

La ville de Montpellier se trouve donc dans toutes les conditions prévues par l'article 14 du décret du 10 août 1853.

Je dois, à l'appui de ces considérations, vous exposer, Monsieur le ministre, que la ville a traité avec MM. Bérard frères pour la construction et l'exploitation de cette usine ; que ces Messieurs ont eux-mêmes traité avec des entrepreneurs, qui les ont fait assigner, depuis que le génie militaire a arrêté les travaux ; la ville a été assignée à son tour. Un procès nuisible à tous les intéressés va s'engager ; l'ancien abattoir est démoli et ce quartier ne présente que ruines, au grand préjudice de ses habitants ; enfin les ouvriers de Montpellier voient retarder d'une manière indéfinie l'ouverture d'un établissement qui doit exercer une si heureuse influence sur leur bien-être.

Dans cette position si critique, je viens vous supplier, Monsieur le ministre, de venir en aide à la ville de Montpellier, et, si vous ne jugez pas opportun, de solliciter de S Majesté impériale un décret pour étendre le polygone exceptionnel à la partie du terrain vacant, aujourd'hui placé dans la zone de prohibition, et sur lequel une partie de l'établissement doit être construite, de vouloir bien autoriser exceptionnellement notre usine de bains et lavoirs publics dans la zone de prohibition, en vertu de l'article 14 du décret du 10 août 1853.

L'exposé rapide que je viens de vous faire, M. le ministre, vous a prouvé combien une prompte solution de cette affaire était urgente ; j'ose la solliciter de Votre Excellence.

Je joins à cette lettre un plan de l'établissement projeté, avec l'indication des zones.

Je suis, etc.                                       *Signé* : PAGÉZY.

— 56 —

## PIÈCE 13.

*Lettre au maire, du 10 juin 1859. — Demande des plans officiels.*

Montpellier, ce 10 juin 1859.

Monsieur le maire de la ville de Montpellier,

Dans la visite que je vous fis hier jeudi à la mairie, j'ai eu l'honneur de solliciter de vous la remise des plans officiels signés de nous, et nous appartenant, que M. Cassan a toujours eus entre les mains depuis leur signature. Vous avez eu la bonté de donner, en ma présence, à M. Cassan, l'ordre de nous remettre ces pièces, qui nous sont indispensables pour la continuation de nos travaux des bains et lavoirs publics, et dont la privation va nous forcer à renvoyer, la semaine prochaine, la plupart de nos ouvriers, et nous porte à nous-même un très grave préjudice. Je les ai réclamées, ce matin, à M. Cassan, qui a cru devoir me répondre qu'il ne les avait pas, et que, si j'avais quelque chose à réclamer, je vous en écrive à vous.

En présence de ce refus formel de votre architecte d'obtempérer à vos ordres, je viens de nouveau solliciter de vous, monsieur le maire, la remise de ces pièces importantes.

Nous comptons trop sur votre bonté et sur votre justice pour ne pas croire que vous n'hésiterez pas un instant à nous les faire remettre immédiatement; vous nous éviterez par là un grave préjudice, et vous ne priverez pas de leur travail, et par conséquent de leur pain quotidien, une quantité d'ouvriers dont la plupart sont pères de famille, et qui tous sont vos administrés.

En attendant cette justice, nous avons l'honneur d'être,

Monsieur le maire,

Vos très humbles et très obéissants serviteurs :

BÉRARD FRÈRES.

## PIÈCE 14.

*Sommation et assignation de Coudougnan, pour avoir son cahier des charges, ses plans et devis.*

L'an mil huit cent cinquante-neuf, et le seize juillet, j'ai, Scourbia, huissier audiencier, etc.,

A la requête du sieur Jean Coudougnan, entrepreneur plâtrier, domicilié à Montpellier, j'ai exposé aux sieurs Bérard frères, entrepreneurs de travaux publics, domiciliés à Lunel, qu'ils ne sauraient ignorer que le requérant s'est engagé à faire tous les travaux de plâtrerie nécessaires pour l'établissement des bains et lavoirs publics, concédé auxdits

sieurs Bérard frères; que, pour régler la confection desdits travaux, il a été dressé un
cahier des charges d'après lequel le requérant, comme tous les autres ouvriers, doit trouver probablement, à la confection desdits travaux, une expédition certifiée conforme par
l'architecte dudit cahier des charges, et des copies des plans et dessins faisant partie du
projet primitif; que le requérant ne peut commencer les travaux sans avoir reçu lesdits documents; que cependant il reçoit journellement (1) des sommations de la part desdits sieurs
Bérard frères par exploit d'huissier : en conséquence, j'ai sommé lesdits sieurs Bérard
frères, d'avoir à remettre au requérant les expéditions et copies dont s'agit, et ce dans les
vingt-quatre heures du présent, par devant et à l'audience du Tribunal de commerce,
séant à Montpellier, dans une des salles de l'hôtel Saint-Côme, le mardi de chaque semaine, à deux heures de l'après-midi, heures et audiences suivantes, s'il y a lieu, pour
s'entendre condamner à délivrer au requérant, dans les vingt-quatre heures du jugement
à intervenir, une expédition, certifiée conforme par l'architecte, du cahier des charges,
dressé pour régler la confection des travaux, et des copies, des plans et dessins faisant
partie des projets primitivement arrêtés et approuvés par l'autorité; s'entendre condamner, par corps, s'il y a lieu, à payer au requérant la somme de cinquante francs, à titre
de dommages, par chaque jour de retard ; s'entendre enfin condamner aux dépens, avec
exécution provisoire du jugement à intervenir, nonobstant opposition ou appel, et sans
caution; j'ai, en outre, déclaré auxdits sieurs Bérard frères, en réponse à l'acte signifié
à leur requête le quinze juillet courant, que l'enduit en ciment du bassin de natation n'est
pas compris dans les travaux que le requérant s'est engagé à exécuter, ce travail ne concernant pas les plâtriers et n'étant pas prévu par les cahiers des charges, sous la réserve
de tous droits quelconques du requérant, tant en la forme qu'au fond. — Parlant, pour
lesdits sieurs Bérard frères, à M. Auguste Bérard, l'un d'eux, trouvé dans leur domicile,
et baillé cette copie.

SCOURBIA.

## PIÈCE 15.

*Copie du traité avec Coudougnan, semblable au fond à tous les autres.*

Entre les soussignés, J. Coudougnan, entrepreneur des travaux de plâtrerie, domicilié
à Montpellier, d'une part ; et les MM. Bérard frères, domiciliés à Lunel, d'autre part, a été
convenu ce qui suit :

Art. 1er. — M. Coudougnan, entrepreneur, s'engage à exécuter les travaux de plâtrerie
pour l'édification des bains et lavoirs publics dans la ville de Montpellier, dont les
MM. Bérard frères ont la concession, moyennant les prix portés sur le présent bordereau,
et conformément aux clauses et conditions du cahier des charges dressé par MM. Bérard

(1) Journellement ! c'est trop fort.

frères, le 27 avril 1858, approuvé par l'autorité municipale et supérieure, le
, dont 'il déclare avoir une parfaite connaissance, et moyennant, en outre,
un rabais de 5 0/0.

Art. 2. — D'un commun accord, les articles 12, 16 et 17 dudit cahier des charges
sont annulés et modifiés ainsi qu'il suit :

Les payements auront lieu de la manière suivante : le premier tiers lors de l'exécution
de la moitié des travaux ; le deuxième tiers lors de l'achèvement des travaux, immédiatement après la réception de l'établissement par la ville ; le dernier tiers en deux paie-
ments égaux : le premier, soit le sixième du montant des travaux, six mois après ladite
réception ; le deuxième sixième ou le solde, une année après ladite réception.

Le premier et deuxième paiement d'à-compte seront faits avec les fonds provenant de
la subvention accordée à la ville de Montpellier par l'État, complétée, si besoin est, avec
les fonds de MM. Bérard frères ; à cet effet, MM. Bérard frères délégueront, au besoin,
tous leurs droits à M. Coudougnan, pour toucher directement à la caisse municipale
la part qui lui sera afférente, M. Coudougnan déclarant par la présente renoncer à tous
recours contre les MM. Bérard, dans le cas où l'État apporterait quelque retard au
payement de ladite subvention ; le payement du troisième tiers sera fait avec les deniers
de MM. Bérard frères.

Les travaux seront commencés le vingt-huit du présent mois, et ne devront pas être
interrompus jusqu'à leur parfait achèvement, qui est et demeure fixé : 1° au quinze juin
prochain pour le bassin de natation et ses annexes ; 2° au trente août suivant pour les
lavoirs, séchoirs et leurs accessoires et la maison de maître ; 3° enfin, au trente septembre
suivant pour les bains chauds et pour l'achèvement complet de l'établissement.

M. Coudougnan s'engage, par la présente, à payer à MM. Bérard frères cinquante francs
de dommages-intérêts pour chaque jour de retard apporté à chacune des époques déter-
minées plus haut.

Art. 3. — Les matériaux de briques et tuiles composant la toiture de la Vieille-Boucherie sont acquis par M. Coudougnan, entrepreneur, moyennant la somme de dix-huit
cents francs, de laquelle somme le sieur Coudougnan tiendra compte à MM. Bérard frères
lors du premier payement.

La démolition, l'enlèvement des débris et ruines et toute main-d'œuvre nécessaire
pour faire place nette est et demeure à la charge de M. Coudougnan. En outre, tous les
matériaux qui seront reconnus bons par l'architecte seront employés aux endroits indi-
qués par lui et payés à l'entrepreneur comme neufs.

Art. 4. — Moyennant le prix fixé au présent bordereau, l'entrepreneur demeure tenu
de faire tous les garnissages des portes, fenêtres, socles, etc.

Art. 5. — Le puits à roues, situé au centre de la Vieille-Boucherie, servira, autant
qu'il sera possible, à l'usage de l'entrepreneur ; mais lorsque l'exécution de l'établissement
de bains chauds l'exigera, il sera supprimé, et l'entrepreneur sera tenu de le nettoyer et
de le rendre en état.

Fait double à Montpellier, le 27 avril 1858.

Lu et approuvé,

*Signé* : COUDOUGNAN.

Lu et approuvé,

*Signé* : BÉRARD Frères

# PIÈCE 19.

*Considérants du jugement du Tribunal de commerce, du 26 juillet 1859.*

Attendu que par le traité intervenu entre les parties le 27 avril 1858, lequel sera enregistré en même temps que le présent jugement, le sieur Coulondre s'est engagé vis-à-vis de Bérard frères à exécuter tous les travaux de maçonnerie nécessaires à l'établissement des bains et lavoirs publics, à la condition d'en être payé, le premier tiers lors de l'exécution de la moitié des travaux mentionnés à son devis, le deuxième tiers lors de l'achèvement de ces travaux et le dernier tiers, en deux payements égaux, l'un six mois et l'autre un an après la réception de l'établissement par la ville ;

Attendu que plus de la moitié des travaux à la charge de Coulondre sont reconnus exécutés, et que dès lors, aux termes des conventions, le premier tiers du montant total de ces travaux est devenu exigible ;

Attendu que ce premier tiers des travaux actuellement dus à Coulondre doit être effectué par Bérard frères avec les fonds provenant du premier tiers de la subvention qui leur est accordée par l'État ; que si Coulondre l'a aussi accepté et renonce même à tous recours contre Bérard frères, au cas de retard de payement de la subvention, il ne pourrait cependant encourir les risques de refus de paiement de la part de l'administration, alors que ce refus ne proviendrait que de la faute de Bérard frères ;

Attendu que Bérard frères prétendent que le retard dont se plaint Coulondre ne peut être imputé qu'au fait de l'administration municipale, ils sont demandeurs dans l'exception qu'ils invoquent ;

Que c'est donc à eux de la justifier, d'autant mieux que Coulondre, étant étranger aux rapports de Bérard frères et de ladite administration, ne saurait être tenu de prouver l'inanité de l'exception qui leur est imposée ;

Qu'en fait, Bérard frères ne justifient nullement que le retard provient de l'administration municipale et non de leur fait personnel ;

Que par suite il y a lieu de passer outre à la condamnation, sans qu'il soit besoin d'interpréter les accords intervenus entre Bérard frères et la ville de Montpellier, alors surtout que lesdits Bérard frères soutiennent qu'ils ont effectué le tiers des travaux à leur charge ;

Qu'en leur accordant un délai moral pour faire constater lesdits travaux par l'administration municipale, ce qu'ils ne prétendent pas avoir déjà fait étant donné toutes satisfactions à leurs légitimes intérêts ;

Attendu que sur l'audience le sieur Coulondre a renoncé à sa demande en dommages ;

Attendu que le sieur Coulondre justifie de solvabilité suffisante, il y a lieu d'ordonner l'exécution provisoire du présent jugement sans bail de caution.

Attendu, quant aux frais, qu'il y a lieu à compenser entre parties ceux faits jusques à ce jour, ceux d'enregistrement et suite, devant rester à la charge des sieurs Bérard frères' qui sont débiteur.

Par ces motifs, le Tribunal vidant le délibéré en Chambre du conseil, jugeant en premier ressort, condamne les sieurs Bérard frères solidairement, à payer au sieur Coulondre, avec les intérêts de droit dans le délai de quarante-cinq jours, à partir d'aujourd'hui, le tiers de la somme à laquelle ont été évalués la totalité des travaux d'après le devis, ledit tiers s'élevant à 12,833 fr. 85 c., imputation faite de 3,000 fr. représentant la moitié de la valeur des vieux matériaux, ordonne l'exécution provisoire du présent jugement, nonobstant appel et sans bail de caution ; dit qu'il n'y a pas lieu d'accorder d'indemnité, compense entre les parties les dépens exposés jusqu'à ce jour, y compris ceux du jugement ; condamne les sieurs Bérard frères aux frais d'enregistrement sur minute, expédition et de signification du présent jugement.

## PIÈCE 17.

Montpellier, ce 28 juin 1859.

Monsieur le maire de la ville de Montpellier,

Nous avons l'honneur de rappeler à votre connaissance les termes de l'article 7 de notre traité passé avec la ville, à la date du 10 février 1857, ainsi conçu :

« Cette subvention sera remise à MM. Bérard frères par la ville, au fur et à mesure de
» l'avancement des travaux, et sur états mensuels présentés par l'architecte de la ville,
» sous la déduction d'un sixième qui sera payé à MM. Bérard frères dans le mois qui
» suivra la réception de l'établissement. »

En conséquence et par suite des engagements contractés vis-à-vis de nous par la ville de Montpellier, nous vous avons, *depuis longtemps, à plusieurs reprises et fort instamment*, prié, monsieur le maire, de vouloir bien nous faire délivrer la part de la subvention à laquelle nous avons des droits incontestables pour les travaux que nous avons déjà exécutés.

Vous n'ignorez point, monsieur le maire, que nos entrepreneurs doivent recevoir sur le montant de cette subvention leurs premiers payements. Or, nous sommes en ce moment sous le coup d'une demande judiciaire formée contre nous par notre maçon; permettez-nous donc d'insister sur nos précédentes réclamations et de vous prier de nous faire connaître le jour où nous pouvons nous présenter à la Caisse municipale pour toucher la somme qui nous est due.

Dans cette attente, nous avons l'honneur d'être.

Monsieur le maire,

Vos très humbles et très obéissants serviteurs,

*Signé :* BÉRARD frères.

## PIÈCE 18.

Montpellier, le 29 juillet, 1859.

Monsieur le maire,

En vertu de nos conventions des 10 février et 18 décembre 1857, de la lettre ministérielle du 6 février 1858 et du décret impérial du 15 janvier 1859, qui nous accordent la subvention de soixante mille francs pour la création des bains et lavoirs publics, nous avons l'honneur de vous demander la somme de vingt mille francs, à valoir sur ladite subvention.

Nous joignons, à l'appui de notre demande, l'état des travaux exécutés jusqu'à ce jour, et celui des approvisionnements sur chantier, et s'élevant à la somme de soixante-deux mille trois cent soixante-quatre francs quarante centimes.

Nous vous prions d'observer, monsieur le maire, que notre demande est bien modérée, en présence du chiffre de l'état ci-annexé, qui, joint à la somme de quarante mille francs, valeur du terrain où s'élèvent les constructions, donne la somme de cent deux mille trois cent quarante-quatre francs quarante centimes, plus que suffisante pour garantir et justifier aux yeux de l'Etat cette demande du tiers de la subvention qu'il a consenti en notre faveur.

Nous avons l'honneur d'être, monsieur le maire,

Votre très humble, etc.

## PIÈCE 19.

Nous soussignés, maîtres de bains et lavoirs publics dans la ville de Paris, certifions :

1° Que toutes les batteries des lavoirs de Paris sont exclusivement faites avec du bois de sapin du Nord, qui seul ne trahit pas le linge ;

2° Qu'il n'entre, dans la composition desdites batteries, ni pierre, ni fonte, ni fer, et que les trous des baquets qui les desservent sont bouchés avec des bouchons de bois tourné ;

3° Qu'il n'existe pas dans Paris un seul établissement desservi par des baignoires en terre cuite émaillée, et que les diverses applications de l'émail à la fonte ou aux autres métaux ont complétement échoué jusqu'ici.

En foi de quoi nous avons signé la présente attestation.

Paris, le 9 décembre 1859.

LAMOTTE,
Maître de bains et lavoir, rue Richard-le-Noir, 21.

BUC,
Maître de lavoir public, rue de Cotte, 5.

CHÉVAIDEL,
Maître du lavoir Saint-Nicolas, rue Saint-Nicolas, 18.

SALLE,
Maître de bains et lavoir public, impasse Guéménée, 10.

RÉMIOT,
Maître de lavoir, rue Basfroid, 7.

LECOINSONNAIS,
Maître de bains et lavoirs, rue Saint-Maur, 100.

## PIÈCE 20.

### Traité du 4 octobre 1859.

Entre les soussignés :

M. David-Jules Pagézy, officier de la légion d'honneur, maire de la ville de Montpellier, agissant en cette qualité, d'une part ;

Et MM. Auguste Bérard, Antoine Bérard et Pierre-Auguste Bérard frères, domiciliés à Lunel, d'autre part ;

Il a été exposé :

Qu'un traité était intervenu entre les parties, à la date du dix-huit décembre mil huit cent cinquante-sept, pour l'exécution de bains et lavoirs publics dans la ville de Montpellier; que depuis cette époque et lorsque le projet avait déjà reçu un commencement d'exécution, les MM. Bérard ont reconnu la nécessité d'y apporter certaines modifications, et ont adressé, à cet effet, à l'administration des propositions qui ont été favorablement accueillies.

En conséquence, il est convenu ce qui suit :

Le projet des bains et lavoirs publics, tel qu'il est arrêté dans les conventions intervenues à la date du dix-huit décembre mil huit cent cinquante-sept, est et demeure modifié conformément aux nouveaux plans et devis dressés et signés par les parties, à la date du quatre octobre mil huit cent cinquante-neuf, et qui sont joints au présent, sauf approbation du conseil municipal et de l'autorité compétente.

Les modifications qui seront ainsi apportées au projet des bains et lavoirs sont les suivantes :

1° La façade des bains chauds, approuvée par le conseil des bâtiments civils, sera conservée, les deux ailes seront seulement prolongées. La salle d'attente conservera par conséquent sa largeur.

2° Les deux fenêtres placées à l'extrémité des corridors du projet modifié seront établies sur toute la largeur du corridor et sur toute la hauteur des bains, afin de donner le plus de jour possible.

En outre, il sera établi deux lanternes dans chaque corridor, donnant du jour et de l'air.

3° Les baignoires en zinc seront remplacées par des baignoires en fonte émaillée, à deux têtes et d'une capacité de trois cent soixante litres.

Pour compenser l'excédant de dépense, les MM. Bérard frères sont autorisés à supprimer : les lambris en menuiserie destinés à recouvrir les baignoires en zinc et le zinc qui devait recouvrir les baquets des lavoirs dans le projet primitif.

Les concessionnaires seront autorisés à établir les conduites intérieures de l'établissement et la conduite alimentaire jusqu'au bassin nord de l'Esplanade, en fonte du système Petit, à la condition : 1° que les diamètres prévus au devis primitif seront conservés, si c'est possible, et que, dans le cas contraire, celui de la conduite alimentaire aura au moins cent vingt-cinq millimètres, et ceux des conduites intérieures auront au moins quatre-vingts millimètres.

2° Qu'il sera établi aux deux bassins, un robinet de jeauge avec regard, propre à acililer le jaugeage du débit des deux prises ; 3° qu'à la première réquisition de l'administration, les tuyaux Chameroy seront rétablis conformément au devis primitif.

MM. Bérard sont autorisés également à construire les treillis des cabinets pour séchoirs, en châtaignier, parfaitement droits et de la hauteur prévue par le devis.

Les lavoirs seront modifiés de la manière suivante :

1° Les dalles longitudinales des cases à savonner auront un mètre quarante centimètres de hauteur, celles transversales auront un mètre quarante centimètres d'un côté et un mètre quinze centimètres de l'autre ;

2° Les baquets sont en bois dur, sans recouvrement en zinc, sur supports en fonte, comme l'indique le plan ci-annexé ; ils auront soixante centimètres de largeur et quarante centimètres de profondeur ;

3° Sur le devant des baquets sera placée une planche-plateau pour le lavage et le battage du linge ;

4° Sur l'un des côtés de la case sera placée une traverse en bois dur, sur supports en fer, pour le dépôt du linge lavé ;

5° Le robinet d'écoulement, placé au-dessous des baquets, pourra être supprimé et remplacé par un bouchon ; mais l'administration se réserve le droit de faire rétablir le robinet à la première réquisition, si elle le juge utile.

Il est expressément convenu, comme condition du présent traité et des modifications consenties aux sieurs Bérard frères, qu'ils exécuteront à leurs frais le projet de crèche dont les pièces signées par les parties sont ci-annexées.

Dans l'exécution de ce projet, les MM. Bérard construiront une fenêtre sur la façade est, convertiront en fenêtre la porte de la façade ouest, établiront un plancher-parquet, et donneront le plus d'élévation possible aux combles, afin de les aérer.

Les frais quelconques auxquels pourrait donner lieu le présent acte seront à la charge de MM. Bérard frères.

# PIÈCE 21.

*Établissement de bains et lavoirs publics dans la ville de Montpellier.*

| MODIFICATIONS SOUMISES PAR LES CONCESSIONNAIRES AU CONSEIL MUNICIPAL. (Séance du 13 octobre 1859.) | DÉPENSES | |
|---|---|---|
| | Résultant des modifications. | Prévues sur le devis primitif. |
| Établissement d'une crèche (sans honoraires et dépenses imprévues) | 1,080 » | |
| Établissement des bains chauds. Devis primitif | | 26,228 20 |
| Id.            id.        Devis modifié | 29,705 29 | |
| *Substitution des tuyaux fonte Petit aux tuyaux de Chameroy, pour l'intérieur de l'établissement et la conduite alimentaire jusqu'au bassin nord de l'Esplanade. Pour un lavoir :* | | |
| Du bassin-réservoir au lavoir ; tuyau principal en Chameroy de 0m135. Longueur, 41m25 à 9fr20 | | 379 50 |
| Le même en fonte, système Petit, de 0m125. Longueur, 41m25 à 11fr40 | 470 25 | |
| 5 tubulures en Chameroy à 6fr90 | | 34 50 |
| Les mêmes en fonte à 9fr10 | 45 50 | |
| *Tuyaux alimentant les lavoirs.* | | |
| Chameroy de 0m81. Longueur, 130m à 4fr75 | | 617 50 |
| Les mêmes en fonte de 0m80. Longueur 130m à 7fr20 | 936 » | |
| Tubulure Chameroy, 76 à 3fr65 | | 217 40 |
| Les mêmes en fonte, 76 à 6fr10 | 463 60 | |
| Coudes Chameroy, 8 à 3fr65 | | 29 20 |
| Les mêmes en fonte à 6fr10 | 48 80 | |
| Un côté semblable | 1,904 15 | 1,280 10 |
| *Grande conduite d'alimentation.* | | |
| En Chameroy de 0m135. Longueur 641m à 9fr20 | | 5,897 20 |
| A reporter | 35,319 59 | 34,683 60 |

| | Résultant des modifications. | Prévues sur le devis primitif. |
|---|---|---|
| Report....... | 35,313 59 | 34,683 60 |
| Au lieu de 641ᵐ, celle à exécuter est de 716ᵐ, savoir : | | |
| 382ᵐ en Chameroy, à 9ᶠʳ20............. 9,514 40 | 7,823 » | |
| 384ᵐ en fonte de 0ᵐ125 à 12ᶠʳ90........ 4,308 60 | | |
| En raison de la fouille. (Prix évalué par M. l'archi-tecte de la ville.) | | |
| 10 coudes en Chameroy, à 6ᶠʳ90.................. | | 69 » |
| 5 coudes, dont 4 en fonte, à 12ᶠʳ90...... 51 60 | 58 50 | |
| et 1 en Chameroy à 6ᶠʳ90............. 6 90 | | |

*Lavoirs modifiés.*

| | Résultant des modifications. | Prévues sur le devis primitif. |
|---|---|---|
| Aqueduc. Pour un, 4ᶠʳ65; pour 151 sem-blables ...................... 704 15 | | |
| Maçonnerie des supports en bois et fonte, 0ᵐ98 × 7ᶠʳ × 151 =............. 1,035 86 | | |
| Déblais, 0ᵐ98 × 1ᶠʳ50 × 151 =........ 221 97 | | |
| Montant et traverses, 11ᵐ27 × 1ᶠʳ50 × 151 =.............. 2,553 41 | | |
| Marche-pied évalué 2ᶠ54 × 151 =..... 383 54 | | |
| 1 baquet rond estimé 25ᶠʳ × 151 =...... 3,775 » | | |
| 1 baquet plus grand, elliptique, estimé 30ᶠʳ × 151 =.................. 4,530 » | | |
| 4 équerres pour fixer les colonnettes sur la pierre et 2 tringles reliant les mon-tants en fer aux montants en bois avec leurs boulons, pesant 10 kil. × 0ᶠʳ75 × 151 =............................ 1,132 50 | 16,530 79 | |
| Une colonnette soutenant la pièce en bois pour l'écoulement du linge, pesant 15 kil. × 0ᶠʳ70 × 151 =............. 1,585 50 | | |
| 8 robinets d'arrêt à 20ᶠʳ l'un............ 160 » | | |
| 2 robinets de départ................. 90 » | | |
| A valoir pour tête des lavoirs.......... 54 80 | | |
| 152 bouchons de bois tournés à 1ᶠʳ, pour un lavoir...................... 152 » | | |
| 152 bouchons de bois tournés à 1ᶠʳ, pour un lavoir semblable................. 152 » | | |
| À reporter........ | 59,725 82 | 34,752 60 |

| | DÉPENSES | |
|---|---|---|
| | Résultant des modifications. | Prévues sur le devis primitif. |

| | | |
|---|---|---|
| *Report*........ | 50,725 82 | 34,752 60 |

Les tuyaux ayant été mentionnés ci-dessus, ne sont pas compris ici.

### Lavoirs primitifs.

| | | |
|---|---|---|
| Aqueduc, 28ᵐ linéaires à 6ᶠʳ × 2 =..... | 336 » | |
| Maçonnerie pour consolider les dalles, 57ᵐ00 × 7ᶠʳ × 2 =............... | 810 00 | |
| Déblais pour la souche, 57ᵐ80 × 1ᶠʳ50 × 2 =................... | 173 70 | |
| Dalles de Vendargues longitudinales, 57ᵐ × 15ᶠʳ × 2 =............... | 1,710 » | |
| Dalles transversales, 136ᵐ × 15ᶠʳ × 2 =. | 4,280 » | |
| Baquets, 244ᵐ72 × 10ᶠʳ × 2 =....... | 4,894 40 | 18,709 44 |
| Peinture des baquets, 243ᵐ68 × 0ᵐ70 × 2 =..................... | 341 14 | |
| Supports en fonte pour l'écoulement du linge, pesant 1520 kᵒˢ × 0ᵐ70 × 2 = | 2,128 » | |
| Garniture en zinc des lavoirs, 186ᵐ80 × 8ᶠʳ50 × 2 =,............ | 2,325 60 | |
| Robinets d'écoulement, 152 × 5ᶠʳ × 2 = | 1,520 » | |
| 4 robinets d'arrêt à 20 ᶠʳ, 4 × 20 ᶠʳ × 2 = | 160 » | |
| Robinets de départ, 45ᶠʳ × 2 =........ | 90 » | |

### Séchoirs modifiés.

| | | |
|---|---|---|
| Montants et traverses en soliveaux ordinaires : pour un séchoir, 424ᵐ linéaires, pour 2 = 848ᵐ80 × 1ᶠʳ50 =......... | 1,273 20 | |
| Cloisons, grillages en châtaignier de 3ᵐ60 extérieurement et de 2ᵐ60 intérieurement ; pour les deux, 1441ᵐ20 × 3ᶠʳ = | 5,596 80 | 8,045 04 |
| Peinture des montants et traverses, 237ᵐ44 × 0ᶠʳ70 =.................. | 166 20 | |
| Peinture des cloisons en châtaignier, 1441ᵐ20 × 0ᶠʳ70 =............... | 1,008 84 | |

| | | |
|---|---|---|
| *A reporter*......... | 67,770 86 | 53,522 04 |

| | DÉPENSES | |
|---|---|---|
| | Résultant des modifications. | Prévues sur le devis primitif. |
| Report......... | 67,770 86 | 53,522 04 |

*Séchoirs primitifs.*

Les cabinets formés de cloisons en lames de sapin grillagées, montants et traverses on soliveaux ordinaires, 740ᵐ77 × 4ᶠʳ × 2 =............. 5,026 15 ............ 6,863 22
Peinture desdits cabinets, 740ᵐ77 × 0ᶠʳ70 × 2 =...................... 1,037 06

*Bassin de natation.*

Suppression de la barrière autour du bassin, 101ᵐ70 linéaires à 5ᶠʳ........ 508 70 ............ 579 91
Peinture de ladite barrière............ 71 21
Peinture des cabinets de natation : surface, 610ᵐ17 ; pour les deux faces, 1220ᵐ34 × 0ᶠʳ70 =...................... 854 22
Maintien d'une partie de la barrière, savoir : 4ᵐ linéaires à 5ᶠʳ............ 20 »
Peinture de cette partie, 4ᵐ × 0ᶠʳ70 =.. 2 80
Aqueduc de ceinture du bassin : déblais pour fouilles, 58ᵐ04 × 1ᶠʳ50 =...... 87 06
Souche en maçonnerie, 43ᵐ73 × 7ᶠʳ =.. 306 11
Aqueduc de ceinture avec ses deux branchements de sortie, 110ᵐ44 × 6 =... 662 64   2,727 33
Petites communications du bassin à l'aqueduc 34, formant une longueur totale de 18ᵐ70 × 4ᶠʳ =................... 74 80
Aqueduc partant de la porte du bassin jusqu'aux latrines des lavoirs, côté du chemin de fer, 64ᵐ70 × 6ᶠʳ =...... 388 20
Le même, côté du faubourg, 55ᵐ25 × 6ᶠʳ = 331 50

Dépense résultant des modifications.............. 70,498 10   61,065 17
Dépenses analogue prévue sur le devis primitif....... 61,065 17

Excédant sur le devis primitif.................. 9,433 02

A reporter........ 9,433 02

| | DÉPENSES | |
|---|---|---|
| | Résultant des modifications. | Prévues sur le devis primitif. |
| *Report*............ | 9,433 02 | |
| Dépenses imprévues pour cet excédant seulement, soit 1|20.......................... | 471 51 | |
| | 9,904 53 | |
| Honoraires de l'architecte pour cet excédant seulement, soit 1|20........................ | 495 22 | |
| Dépense totale résultant des modifications soumises par les concessionnaires au conseil municipal. (Séance du 13 octobre 1859.)................ | 10,399 75 | |

## PIÈCE 22

*Établissement de Bains et Lavoirs publics dans la ville de Montpellier.*

|  | DÉPENSES | |
|---|---|---|
| MODIFICATIONS DEMANDÉES AUX CONCESSIONNAIRES PAR L'ADMINISTRATION. | Résultat des modifications. | Prévues sur le devis primitif. |
| Établissement d'une crèche (sans les honoraires)..... | 1,884 74 | |
| Établissement des bains chauds modifiés.............. | 30,461 54 | |
| Id.......Id.......Id.....devis primitif...... | | 26,228 20 |
| *Substitution des tuyaux fonte, système Petit, aux tuyaux de Chameroy pour l'intérieur de l'établissement et la conduite alimentaire jusqu'au bassin nord de l'Esplanade. Pour un lavoir :* | | |
| Du bassin-réservoir au lavoir, tuyau principal en Chameroy de 0m135, longueur 41m25 à 9fr20...... | | 379 50 |
| Les mêmes en fonte Petit, de 0m125 à 11fr40........ | 470 25 | |
| 5 tubulures en Chameroy à 6fr90.................. | | 34 50 |
| Les mêmes en fonte Petit, à 9fr10................. | 45 50 | |
| *Tuyaux alimentant les lavoirs.* | | |
| Chameroy de 0m81, longueur 130m à 4fr75......... | | 617 50 |
| Les mêmes en fonte de 0m80, longueur 130m à 7fr20.. | 936 » | |
| 76 tubulures Chameroy à 3fr65................... | | 217 40 |
| Les mêmes en fonte, 76 à 6fr10................... | 463 60 | |
| 8 coudes Chameroy à 3fr65..................... | | 29 20 |
| Les mêmes en fonte Petit, 8 à 6fr10............... | 48 80 | |
| Pour un lavoir semblable..................... | 1,964 15 | 1,278 10 |
| *Grande conduite d'alimentation.* | | |
| Chameroy de 0m135, longueur totale 641m à 9fr20.... | | 5,897 20 |
| Celle à exécuter est de 716m, savoir : | | |
| 382m Chameroy à 9fr20............... 3,514 40 | | |
| 334m en fonte de 0m125 à 12fr90........ 4,308 60 | 7,829 » | |
| En raison de la fouille. (Prix évalué par M. l'architecte de la ville.) | | |
| *A reporter........* | 50,047 58 | 34,681 60 |

| | DÉPENSES | |
|---|---|---|
| | Résultant des modifications. | Prévues sur le devis primitif. |
| Report........ | 50,047 58 | 84,681 60 |
| 10 coudes en Chameroy à 6ʳ90... | | 69 » |
| 6 coudes dont 5 en fonte à 12ᶠ90.......... 64ᶠ50 | | |
| et 1 en Chameroy à 6ᶠ90............. 6ᶠ90 | 71 40 | |
| *Lavoirs.* | | |
| Dalles longitudinales de 1ᵐ40 de hauteur, plus 0ᵐ10 de prise, ensemble 1ᵐ50 de hauteur et 1ᵐ50 de longueur : | | |
| Longueur réunie 57ᵐ à 14ᶠ × 2 =........... | 1,596 » | |
| Les mêmes, devis primitif 57ᵐ × 15ᶠ × 2 =...... | | 1,710 » |
| Dalles transversales de même hauteur : | | |
| Longueur réunie 136ᵐ × 14ᶠ × 2 =........... | 3,808 » | |
| Les mêmes, devis primitif, 136ᵐ × 15ᶠ × 2 =...... | | 4,280 » |
| Les lavoirs, 2ᵐ99 de surface chaque ; ensemble 451ᵐ49 à 10ᶠ............. | 4,514 90 | |
| Les mêmes, devis primitif, 244ᵐ72 × 10ᶠ × 2 =.... | | 4,894 40 |
| Supports en fonte, 152, pesant 15 k. l'un ; ensemble 2280 × 0ᶠ70 × 2 =........ | 3,192 » | |
| Les mêmes, devis primitif 1520 k. × 0ᶠ70 × 2 =... | | 2,128 » |
| Suppression du robinet d'écoulement 152 × 5ᶠ × 2 =. | | 1,520 » |
| Id. du tuyau plomb du robinet d'écoulement, ensemble 47ᵐ50 × 4ᶠ × 2 =............ | | 380 » |
| Peinture des baquets à laver , parties extérieures 345ᵐ25 à 0ᶠ70............. | 241 67 | |
| Les mêmes, devis primitif 243ᵐ68 × 0ᶠ70 × 2 =... | | 341 14 |
| Peinture des supports en fonte 91ᵐ20 × 0ᶠ70 × 2 =. | 127 68 | |
| Les mêmes, devis primitif 115ᵐ20 × 0ᶠ70 × 2 =... | | 161 28 |
| Battoirs en bois du nord 197,92 × 2ᶠ × 2 =...... | 431 68 | |
| Traverses en bois pour support du linge lavé 72ᵐ20 × 1ᶠ50 × 2 =............. | 216 60 | |
| Supports en fer, 152 avec base et chapiteau, pesant ensemble 608 kᵒˢ × 0ᶠ70 × 2 =............ | 851 20 | |
| Marche-pieds en bois du nord, de 1ᵐ sur 0ᵐ40 de largeur, à 3ᶠ l'un, 76 × 3ᶠ × 2 =........... | 456 » | |
| Suppression du zinc des baquets, 136ᵐ80 × 8ᶠ50 × 2 =............. | | 2,325 60 |
| *A reporter*........ | 65,554 71 | 52,491 02 |

| | DÉPENSE | |
|---|---|---|
| | Résultant des modifications. | Prévues sur le devis primitif. |
| *Report*................ | 65,554 71 | 52,491 02 |

*Construction de deux regards avec robinet de jauge.*

Dimension du regard, 0$^m$50 de côté sur la profondeur du bassin, les murs construits en pierres de taille sur une couche de maçonnerie de 0$^m$40, pavé en bords de 0$^m$12 d'épaisseur; les pierres de taille formant parois auront 0$^m$25 d'épaisseur, jointées au ciment, couvertures en vendargues de 0$^m$15 d'épaisseur, estimé l'un 40$^{fr}$, pour les deux ................ **80** »

Les tuyaux de branchement en plomb, avec robinet de jauge de 0$^m$06, estimé l'un 60$^{fr}$............ **120** »

La pose dans la bordure du bassin, son rejointement et le recouvrement avec un appareil............ **20** »

A l'intérieur du bassin, une plaque de tôle pour garantir la prise........................ **10** »

152 bouchons de bois tournés, à 1$^{fr}$ l'un. 152 × 1$^{fr}$ × 2 = ................................ **304** »

*Séchoirs.*

Séchoirs du devis primitif en bois de sapin, 740$^m$77 × 4$^{fr}$ × 2 = .............................. | | 5,926 16

Séchoirs modifiés en escottes, châtaignier. 740$^m$77 × 4$^{fr}$50 × 2 = .............................. | 6,666 03 | 58,417 10

| | 72,755 64 | |
| | 58,417 18 | |

Différence en plus sur le devis définitif résultant des modifications demandées aux concessionnaires..... **14,338 46**

Il faut ajouter les dépenses imprévues, soit 1/20 sur cet excédant seulement........................ **716 97**

| | 15,055 43 | |

Plus les honoraires de l'architecte, soit 1/20 ....... **752 77**

| | 15,808 20 | |

A cette dépense, il faut ajouter celle demandée pour la peinture des cabinets de natation et l'établissement des aqueducs nécessaires pour l'écoulement supé-

*A reporter*........ | 15,808 20 | |

| | DÉPENSE | |
|---|---|---|
| | Résultant des modifications. | Prévues sur le devis primitif. |

rieur des eaux du bassin, déduction faite de la valeur de la barrière prévue au devis primitif autour du bassin de natation, soit 2,300ᶠ22 — 579ᶠ91 =.

| | | |
|---|---|---|
| Report............. | 15,808 20 | |
| | 1,720 31 | |
| Dépense totale............. | 17,528 51 | |

D'où il résulte, sur la dépense résultant des modifications proposées par les concessionnaires, qui est de 10,399ᶠ75, une augmentation de dépense de 7,128ᶠ76.

———

Paris. — Impr. de Dubuisson et Cⁱᵉ, rue Coq-Héron, 5.

www.ingramcontent.com/pod-product-compliance
Lightning Source LLC
Chambersburg PA
CBHW070930280326
41934CB00009B/1810